本书由
中央高校建设世界一流大学（学科）
和特色发展引导专项资金
资助

中南财经政法大学"双一流"建设文库

中|国|经|济|发|展|系|列

公司治理与我国能源上市企业投融资决策

石旻 著

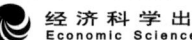

中国财经出版传媒集团
经济科学出版社
Economic Science Press

图书在版编目（CIP）数据

公司治理与我国能源上市企业投融资决策/石旻著.
—北京：经济科学出版社，2019.12
（中南财经政法大学"双一流"建设文库）
ISBN 978 - 7 - 5218 - 1158 - 2

Ⅰ.①公… Ⅱ.①石… Ⅲ.①能源工业 - 工业企业 - 上市公司 - 投资 - 经营决策 - 研究 - 中国②能源工业 - 工业企业 - 上市公司 - 企业融资 - 经营决策 - 研究 - 中国 Ⅳ.①F426.2

中国版本图书馆 CIP 数据核字（2019）第 289608 号

责任编辑：孙丽丽　纪小小
责任校对：杨　海
版式设计：陈宇琰
责任印制：李　鹏

公司治理与我国能源上市企业投融资决策
石　旻　著
经济科学出版社出版、发行　新华书店经销
社址：北京市海淀区阜成路甲 28 号　邮编：100142
总编部电话：010 - 88191217　发行部电话：010 - 88191522
网址：www.esp.com.cn
电子邮箱：esp@esp.com.cn
天猫网店：经济科学出版社旗舰店
网址：http://jjkxcbs.tmall.com
北京季蜂印刷有限公司印装
787×1092　16 开　11.5 印张　190000 字
2019 年 12 月第 1 版　2019 年 12 月第 1 次印刷
ISBN 978 - 7 - 5218 - 1158 - 2　定价：46.00 元
（图书出现印装问题，本社负责调换。电话：010 - 88191510）
（版权所有　侵权必究　打击盗版　举报热线：010 - 88191661
QQ：2242791300　营销中心电话：010 - 88191537
电子邮箱：dbts@esp.com.cn）

总 序

"中南财经政法大学'双一流'建设文库"是中南财经政法大学组织出版的系列学术丛书，是学校"双一流"建设的特色项目和重要学术成果的展现。

中南财经政法大学源起于1948年以邓小平为第一书记的中共中央中原局在挺进中原、解放全中国的革命烽烟中创建的中原大学。1953年，以中原大学财经学院、政法学院为基础，荟萃中南地区多所高等院校的财经、政法系科与学术精英，成立中南财经学院和中南政法学院。之后学校历经湖北大学、湖北财经专科学校、湖北财经学院、复建中南政法学院、中南财经大学的发展时期。2000年5月26日，同根同源的中南财经大学与中南政法学院合并组建"中南财经政法大学"，成为一所财经、政法"强强联合"的人文社科类高校。2005年，学校入选国家"211工程"重点建设高校；2011年，学校入选国家"985工程优势学科创新平台"项目重点建设高校；2017年，学校入选世界一流大学和一流学科（简称"双一流"）建设高校。70年来，中南财经政法大学与新中国同呼吸、共命运，奋勇投身于中华民族从自强独立走向民主富强的复兴征程，参与缔造了新中国高等财经、政法教育从创立到繁荣的学科历史。

"板凳要坐十年冷，文章不写一句空"，作为一所传承红色基因的人文社科大学，中南财经政法大学将范文澜和潘梓年等前贤们坚守的马克思主义革命学风和严谨务实的学术品格内化为学术文化基因。学校继承优良学术传统，深入推进师德师风建设，改革完善人才引育机制，营造风清气正的学术氛围，为人才辈出提供良好的学术环境。入选"双一流"建设高校，是党和国家对学校70年办学历史、办学成就和办学特色的充分认可。"中南大"人不忘初心，牢记使命，以立德树人为根本，以"中国特色、世界一流"为核心，坚持内涵发展，"双一流"建设取得显著进步：学科体系不断健全，人才体系初步成型，师资队伍不断壮大，研究水平和创新能力不断提高，现代大学治理体系不断完善，国际交流合作优化升级，综合实力和核心竞争力显著提升，为在2048年建校百年时，实现主干学科跻身世界一流学科行列的发展愿景打下了坚实根基。

"当代中国正经历着我国历史上最为广泛而深刻的社会变革，也正在进行着人类历史上最为宏大而独特的实践创新"，"这是一个需要理论而且一定能够产生理论的时代，这是一个需要思想而且一定能够产生思想的时代"①。坚持和发展中国特色社会主义，统筹推进"五位一体"总体布局和协调推进"四个全面"战略布局，实现"两个一百年"奋斗目标、实现中华民族伟大复兴的中国梦，需要构建中国特色哲学社会科学体系。市场经济就是法治经济，法学和经济学是哲学社会科学的重要支撑学科，是新时代构建中国特色哲学社会科学体系的着力点、着重点。法学与经济学交叉融合成为哲学社会科学创新发展的重要动力，也为塑造中国学术自主性提供了重大机遇。学校坚持财经政法融通的办学定位和学科学术发展战略，"双一流"建设以来，以"法与经济学科群"为引领，以构建中国特色法学和经济学学科、学术、话语体系为己任，立足新时代中国特色社会主义伟大实践，发掘中国传统经济思想、法律文化智慧，提炼中国经济发展与法治实践经验，推动马克思主义法学和经济学中国化、现代化、国际化，产出了一批高质量的研究成果，"中南财经政法大学'双一流'建设文库"即为其中部分学术成果的展现。

文库首批遴选、出版二百余册专著，以区域发展、长江经济带、"一带一路"、创新治理、中国经济发展、贸易冲突、全球治理、数字经济、文化传承、生态文明等十个主题系列呈现，通过问题导向、概念共享，探寻中华文明生生不息的内在复杂性与合理性，阐释新时代中国经济、法治成就与自信，展望人类命运共同体构建过程中所呈现的新生态体系，为解决全球经济、法治问题提供创新性思路和方案，进一步促进财经政法融合发展、范式更新。本文库的著者有德高望重的学科开拓者、奠基人，有风华正茂的学术带头人和领军人物，亦有崭露头角的青年一代，老中青学者秉持家国情怀，述学立论、建言献策，彰显"中南大"经世济民的学术底蕴和薪火相传的人才体系。放眼未来、走向世界，我们以习近平新时代中国特色社会主义思想为指导，砥砺前行，凝心聚

---

① 习近平：《在哲学社会科学工作座谈会上的讲话》，2016年5月17日。

力推进"双一流"加快建设、特色建设、高质量建设,开创"中南学派",以中国理论、中国实践引领法学和经济学研究的国际前沿,为世界经济发展、法治建设做出卓越贡献。为此,我们将积极回应社会发展出现的新问题、新趋势,不断推出新的主题系列,以增强文库的开放性和丰富性。

"中南财经政法大学'双一流'建设文库"的出版工作是一个系统工程,它的推进得到相关学院和出版单位的鼎力支持,学者们精益求精、数易其稿,付出极大辛劳。在此,我们向所有作者以及参与编纂工作的同志们致以诚挚的谢意!

因时间所囿,不妥之处还恳请广大读者和同行包涵、指正!

中南财经政法大学校长

前　言

1769年英国人瓦特改良蒸汽机，极大地促进了生产力，机器取代人力的工业革命拉开了序幕。燃煤带来了能源供给，成为经济赖以发展的物质基础。发展至今，不仅工业生产需要能源供应，我们每天的生活，烧水做饭、照明取暖、开车出行，都需要能源的保障。

作为经济稳定增长的重要基础，能源行业的健康发展在我国国民经济体系建设中具有重要战略意义。随着我国能源消费的国际依存度不断增加，同时国内环境污染和节能减排问题日益突出，能源行业的转型势在必行。《中华人民共和国国民经济和社会发展第十三个五年规划纲要》（以下简称"十三五"规划）中也明确提出"建设清洁低碳、安全高效的现代能源体系，维护国家能源安全"，进一步指出了能源行业发展的方向并凸显了其发展的战略意义。

在能源转型过程中，能源企业作为执行主体，其发展决策会直接影响我国宏观战略的执行效果。从早期的计划经济和国家主导下的垄断地位，到市场化改革和现代企业制度的建立，能源企业的经营模式发生了根本性的变化。特别是在能源市场金融化程度进一步加深、资本市场迅速发展的今天，能源企业在其关键经营决策中，如企业的投融资决策，必然要遵循市场规律，同时还要建立合理的公司治理机制，确保有效应对市场发展的变化和挑战。

能源企业的投融资发展经历了最初由政府主导，到逐步转向市场经济的改变。我国能源企业的融资发展大致可以分为三个阶段：第一阶段为1949~1978年，这一时期我国实行计划经济，能源企业融资渠道单一，为政府主导，由国家和地方财政供给。第二阶段为1979~1996年，我国实行改革开放，建立市场经济，政府逐渐转变职能，从主导者变为监管者，行政部门缩减，建立专门的能源公司，企业自己承担风险、自主经营、自负盈亏。第三阶段为1997年至今，能源企业开始引入现代企业管理经验，进行股份制改革，逐渐在资本市场上市并发行股票进行融资。我国2004年颁布《国务院关于投资体制改革的决定》，其中明确指出"允许各类企业以股权融资方式筹集投资资金"，但出于战略安全考虑，对于如电站建设、煤矿开采和石油天然气开发等项目仍需国务院或地方政府审核批准。由此可见，资本市场留给能源企业的舞台仍有局限。

由于能源本身的垄断行业历史和战略安全地位，我国能源企业在资本市场的发展经历了一段曲折的道路。它们虽然实施股份制改革并谋求上市，希望能够在资本市场获得大量融资，但由于国家战略管控和企业高管的消极经营，发展受到制约，股权融资占比仍相对较少。能源企业的主要融资方式仍以银行贷款和自有资金为主，杠杆率始终居高不下。

2016年我国颁布《中共中央、国务院关于深化投融资体制改革的意见》，已经不再强调政府在能源领域的主导权，而是变为企业主导、政府引导，并强调调动社会资本的活力。相应地，2017年国家能源局发布了《关于深化能源行业投融资体制改革的实施意见》，进一步强调了金融机构与能源投融资的关系，鼓励能源企业通过资本市场进行股票上市融资和通过债券市场发行企业债券融资，鼓励金融机构进行资产证券化业务，还建议政策性、开发性金融机构与社保基金等机构资金与回收期长、收益稳定的能源项目进行对接合作。这从政策面表明我国对能源企业在资本市场的投融资活动的重视，指明了我国能源企业今后需要借助资本市场进一步拓宽投融资渠道。

只有了解以往能源企业在资本市场的表现，总结经验不足，才能更好地为能源企业进一步深化资本市场投融资渠道提供改革方向。那么以往能源企业在资本市场投融资方面的决策表现如何，高杠杆率是否得到调整，自由现金流是否在发放股利与投资之间合理分配，国有股和机构股在其中发挥了什么样的作用，董事会对能源企业的资本市场历程起到了积极还是消极的作用，引入了现代企业经营理念后公司治理效果如何，这些公司治理机制对投融资决策又有着什么样的影响，都是亟待回答的问题。

公司治理机制是现代企业制度建设中的重要保障，其主要目的是解决公司经营中存在的委托代理问题。由于能源企业本身的特殊性，特别是经历从国家垄断到市场化的转换过程，公司治理机制起着至关重要的作用。著名的

"自由现金流假说"（Jensen，1986）就是基于对美国石油行业的观察提出的，其思想也成为现代公司金融理论的重要基石。利用公司金融的有关理论，审视我国能源企业经营过程中是否存在委托代理问题，探讨公司治理机制是否能够改善能源企业投融资决策，从而提出有关政策发展建议具有重要的理论和现实意义。

基于上述思想，本书将从如下几个方面利用我国能源上市公司的数据对有关问题进行研究：

本书第三章全面对比了能源上市企业和非能源上市企业在经营过程中的有关财务指标，从实际数据中找出能源企业的特殊之处，为进一步的实证研究提供依据。结果表明，能源上市企业在三个方面具有显著的不同：资本结构方面，能源上市企业杠杆率和各类负债水平均更高并且债务期限较长；股利分配方面，能源企业每股收益显著更低，支付金额则显著更多；投资决策方面，能源企业拥有更加充沛的自由现金流，现金再投资比例也更高，但投资收益率显著低于非能源企业。

基于能源企业杠杆率更高这一事实，本书第四章着重研究公司治理与能源上市企业融资决策中资本结构调整的问题。由于市场摩擦和不完全性，公司金融理论认为存在最优的资本结构，企业在其经营决策中需要对资本结构不断调整，以期达到公司价值最大化的目标。在资本结构调整的过程中，经营者是否从股东利益最大化的角度出发、公司治理机制起到何种作用是本章研究的重点。利用动态面板模型，研究发现公司治理机制在能源企业资本结构调整过程中起到了显著作用。其中高管薪酬和国有股占比的增加有积极影响，能够显著降低过快的向下调整速度，而董事会规模、独立性及持股比的增加有消极影响，将会进一步加剧向下调整速度。

本书第五章针对股利发放问题进行研究，利用文献中提出的局部股利调整模型，估计出现金股利调整速度，该速度用于衡量股利发放平稳性，并考察能源企业内公司治理机制对平稳性的影响。结果表明，我国能源上市企业现金股利调整速度快，股利发放平稳性差。高管薪酬和国有股占比的增加与现金股利平稳性具有互补作用，会进一步促进发放的平稳性，机构持股比增加则呈替代效应，对现金股利的平稳性有负向影响。

本书第六章基于能源企业有着丰富的自由现金流这一事实，探讨了公司治理对能源企业投资决策的影响。利用理查森（Richardson，2006）的投资预期模型，该章估计并衡量了过度投资和自由现金流，进而纳入公司治理变量，查看公司治理机制对过度投资和自由现金流敏感性的影响。结果表明，我国能源上市企业内自由现金流对过度投资有显著的促进作用。董事长与总经理两职分离能够有效降低过度投资与自由现金流的敏感性，董事会持股比和国有股占比的增加均会显著提高两者之间的敏感性。

根据本书各部分回归结果，各公司治理机制的作用不同。针对不同作用，建议如下：

首先，董事会规模和独立性的增加始终无法有效缓解代理成本。因此本书建议应当适度精简董事会规模，加强董事会成员对企业决策的参与度，防止董事会成员出现推卸责任现象。同时，应当加强对独立董事提名的监督，并对独立董事进行一定的考察和激励，杜绝"花瓶董事"现象，使真正能够代表企业和小股东利益的独立董事参与到决策制定和企业管理。

其次，董事会持股比和高管薪酬的增加对缓解代理成本的作用不稳定，在不同环节表现出不同的治理效果，没有起到有效的激励作用。数据表明，能源企业的高管薪酬和董事会持股比水平都较低，因此本书建议适当提高薪酬水平，加强高管薪资与企业绩效之间的关联，设计更适合能源企业的股权激励方案，根据实际情况加大股权激励覆盖面，真正地让管理层利益与企业挂钩，发挥激励机制作用。

再次，董事长与总经理两职分离在一定程度上能够起到缓解代理成本的作用。数据表明，能源企业董事长与总经理本就有着更少的两职兼任情况，因此本书建议要继续保持两职分离机制，杜绝经理人刚愎自用。

最后，国有股占比的增加能够降低代理成本，而机构持股并没有表现出良好的治理效果。本书建议，由于能源企业的战略安全意义，国有股能够起到稳定发展和指引方向的作用，因此要处理好国有股与其他股份之间的关系，以股东利益最大化和市场为导向制定决策，听取和借鉴专业投资人的先进管理经验。

本书较以往文献主要有以下几个方面的贡献：第一，基于能源企业的特殊性，探讨了公司治理机制在能源企业内的作用，拓展了公司治理与公司金融理论；第二，从微观视角出发，研究了公司治理对能源企业投融资决策的影响，极大地丰富了能源金融的研究范畴；第三，首次系统地考察了能源上市企业决策制定中公司治理的效果，保障了能源企业在能源转型过程中更好地发挥执行主体作用。

目 录

第一章 导论
第一节 研究背景　　2
第二节 研究意义　　6
第三节 研究思路、框架与方法　　8

第二章 文献综述
第一节 融资决策与公司治理　　14
第二节 股利分配与公司治理　　21
第三节 投资决策与公司治理　　28
第四节 本章小结　　34

第三章 能源上市企业的特征描述
第一节 我国能源上市企业划分及数目　　38
第二节 融资决策相关对比　　39
第三节 股利分配相关对比　　43
第四节 投资决策相关对比　　49
第五节 公司治理相关对比　　53
第六节 本章小结　　55

第四章 能源上市企业公司治理与融资决策
第一节 引言　　58
第二节 研究假设　　59
第三节 研究设计　　65

第四节	数据及变量	68
第五节	实证结果及分析	72
第六节	本章小结	89

第五章 能源上市企业公司治理与股利分配决策

第一节	引言	92
第二节	研究假设	93
第三节	研究设计	96
第四节	数据及变量	100
第五节	实证结果及分析	103
第六节	本章小结	112

第六章 能源上市企业公司治理与投资决策

第一节	引言	116
第二节	研究假设	117
第三节	研究设计	119
第四节	数据及变量	125
第五节	实证结果及分析	128
第六节	本章小结	139

第七章 研究结论、建议与未来研究展望

第一节	主要研究结论	142
第二节	相关建议	143
第三节	研究展望	144

附录	146
参考文献	154

第一章 导论

第一节 研 究 背 景

能源是社会发展的动力来源,也是国际政治、经济关注的焦点。改革开放以来,能源工业作为支柱产业,为保障国民经济持续快速发展做出了重要贡献。纵观历史发展进程,我国能源发展取得了极大的进步,供给保障能力不断加强。但随着我国经济发展步入新常态,能源发展的机遇与挑战并存。能源产品定价机制还有待与市场接轨,气候变化和环境污染迫使我们淘汰落后产能,发展可再生能源。能源发展已经进入转型变革的新时期。

能源企业作为转型变革中的执行主体,其经营管理体制也发生了巨大的变化。从计划经济时期被动依靠国家支持的国营企业,到自负盈亏的现代公司制企业,能源企业逐步走向市场,重视公司治理机制的完善,并将其视为股东创造价值时不可或缺的一部分。现如今,能源金融一体化程度不断加深,资本市场一方面为能源企业提供新的投融资渠道,另一方面也加强了外部监督,促使能源企业不断加强公司治理的有效性,确保企业的稳定发展。

因此本章以能源行业的历史与现状、机遇与挑战,以及能源企业的市场化进程为切入点,对研究背景做一个详细探讨。

一、能源行业的历史与现状

1949 年,新中国成立伊始,百废待兴,所有行业的发展都需要能源来提供动力,然而当时我国一次能源生产量仅有 0.237 亿吨标准煤。[①] 为统筹规划能源的开发利用,同年国家成立了燃料工业部。

---

① 数据来源:《新中国 60 年:能源生产能力大幅提高结构不断优化》,中华人民共和国中央人民政府,http://www.gov.cn/gzdt/2009-09/22/content_1423161.htm。国家统计局公布的统计数据显示,截至 2015 年,一次能源生产量已经达到 36.148 亿吨标准煤,是 1949 年的 150 多倍。

计划经济时期，国营煤炭企业承担了几乎所有能源的生产任务，为恢复经济发展提供了保障。相比之下，石油化工行业在新中国成立初期发展基础薄弱，随着20世纪60~70年代我国相继探明了大庆油田、胜利油田等高产油田，石油行业才得到迅速发展。实行改革开放以来，国民经济持续高速发展，对能源的需求急剧增加，煤炭行业进入粗放式发展时期，矿井数量猛增。另外，由于石油应用更加广泛，自1993年起我国成为石油净进口国，对外依存度不断加大。

20世纪90年代，国家经济建设取得了一定的成就，这离不开以煤炭、石油和天然气为代表的化石能源的有力保障，但由此引发的环境污染及温室气体排放问题也开始凸显。新能源和可再生能源的发展是加强环境保护和应对气候变化的重要措施。1995年我国颁布《新能源和可再生能源发展纲要》，正式确立了新能源的发展目标，随后新能源技术不断提高，进入迅速发展时期。

我国能源行业发展至今，生产总量稳步发展，能源结构得到优化，图1-1展示了我国2000~2016年能源总产量及不同能源占比。

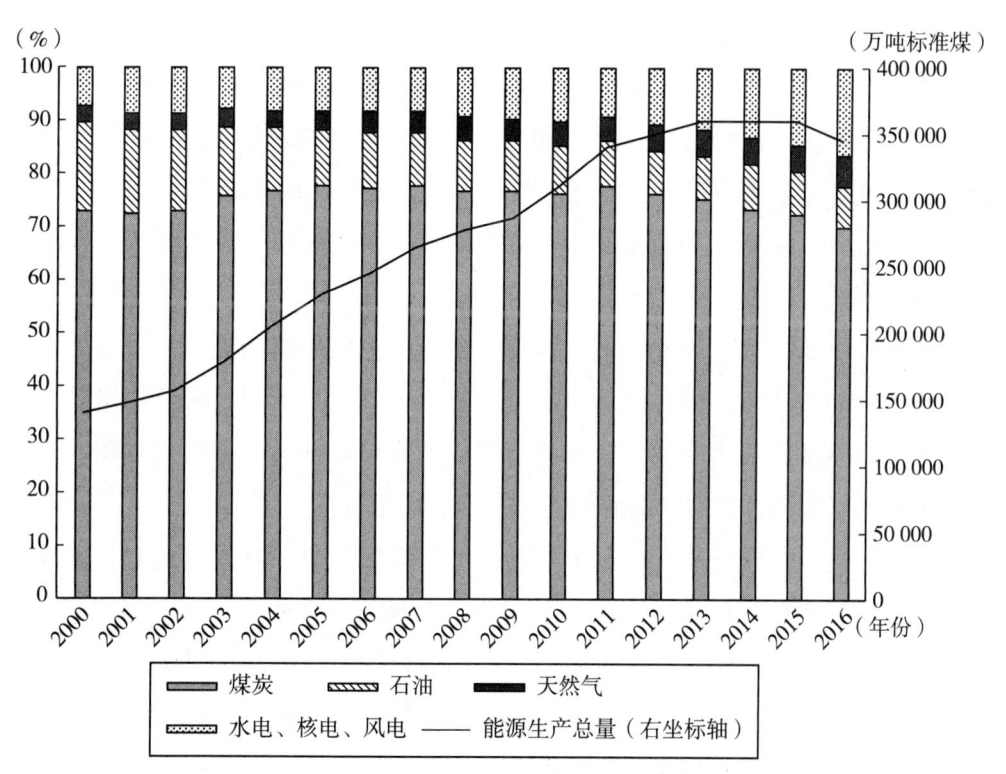

图1-1 2000~2016年能源生产总量及占比

资料来源：国家统计局。

由图 1-1 可以看出，煤炭和石油仍然是我国的主导能源，但近年来占比不断下降，天然气和水电、核电、风电的占比均有不同程度的增加。以上变化体现出我国能源供给侧结构性改革的进程，可再生能源在新时期的发展中起到越来越重要的作用。

二、能源行业的机遇与挑战

毋庸置疑，能源行业至今已经取得了长足的发展，为国民经济发展提供了有力保障，但目前仍然面临诸多挑战。首先，能源产品定价机制尚不完善。能源产品属于资源性产品，虽然国家逐步放松管制，但是由于能源的战略意义，目前价格仍未完全放开。电力上网价格和天然气价格目前仍由中华人民共和国国家发展和改革委员会（以下简称"发改委"）指导制定。其次，化石燃料就像一把"双刃剑"，促进经济发展的同时，又带来了温室气体排放和环境污染问题。气候变化制约着全人类的生存和发展，我国已经成为最大的能源消耗国和最大的碳排放国，加上工业化和城市化进程加快，我国面临着巨大的环境治理和节能减排压力，迫使我国积极进行能源转型，建立"清洁低碳、安全高效的现代能源体系"。

为应对以上挑战，我国《中华人民共和国国民经济和社会发展第十三个五年规划纲要》（以下简称"十三五"规划）明确提出要进一步完善价格机制，还原能源商品属性。自 2008 年起我国逐步实现成品油价格与国际油价有条件联动，2016 年进一步完善成品油价格机制，只设置调控上下限，区间价格以市场为主导。2018 年人民币原油期货市场登场，期货市场拥有价格发现功能，有利于形成反映我国和亚太地区石油供需关系的价格体系。

同时，我国积极应对气候变化问题，支持绿色产业并发展绿色金融。绿色金融引导和鼓励社会资金投资于节能环保、清洁能源等绿色产业。2015 年底，由中国农业银行在伦敦发行了我国第一只绿色债权。绿色债权募集的资金将专供于拥有环境效益的项目。根据《中国绿色债券市场现状报告 2016》，截至 2016 年底，我国绿色债权发行量已经达到 2 380 亿元人民币，约占全球发行规模的 39%，其中有 831 亿元涉及化石能源清洁化。

由此可见，我国能源行业的发展中机遇与挑战并存。如何在保证能源安全稳定供应的前提下，完善能源产品定价机制、减少污染和排放、实现经济低碳高效发展，是新时期能源发展的新课题。为实现这一目标，需要每个能源企业参与其中，执行具体计划，保障能源转型的稳步实施。

三、能源企业的市场化历程

计划经济时期，我国能源由国营企业承担生产任务，企业的发展依赖国家投资，企业的生产和销售均须依照国家计划执行。改革开放以后，能源企业经营管理体制也发生了巨大的变革。1978~1993年，国家对煤炭行业全面推行企业承包责任制，取消煤炭补贴，将煤炭企业推向市场。1988~1996年，对电力工业先后实施政企分开、股份制改革，并组建国家电力公司。1998年，国家进一步深化能源行业的管理体制改革。首先，对煤炭行业实行政企分开，支持煤炭企业上市融资；其次，撤销电力部，彻底实现电力行业的政企分开；最后，对我国石油化工行业进行战略重组，建立了上下游一体化的新型石油工业管理体制，中国石油天然气集团有限公司（以下简称"中石油"）、中国石油化工集团有限公司（以下简称"中石化"）和中国海洋石油集团有限公司（以下简称"中海油"）应运而生。

自此，能源企业逐步引进现代企业管理制度，以推进董事会建设为重点，以形成各司其职、有效制衡的公司治理体系为目标，大力推进公司制改制，并在资本市场上市。能源企业建立公司治理机制，有利于规范权力运行，提高企业经营管理水平，为能源企业的进一步市场化和发展起到了促进作用。

但是，出于能源的战略安全地位考虑，能源企业虽有意识地进行公司制改制和上市，国家的管控仍然比较严格。2004年我国颁布《国务院关于投资体制改革的决定》，明确指出"允许各类企业以股权融资方式筹集投资资金"，但对于如电站建设、煤矿开采和石油天然气开发等项目仍需国务院或地方政府审核批准。这使得能源企业的市场化进程有所局限，只能在曲折中探索前进。

现如今，我国经济处于转型关键期，能源供给侧结构性改革也在有序进行。政府不再强调能源领域的主导权，而是变为企业主导、政府引导，并强调建立现代公司管理机制。2017年我国发布《中央企业公司制改制工作实施方案》，明确要求中央企业要推进公司制改制，建立现代企业制度要求，明确产权结构，维护董事会权利和职能。同年底，中石油、中石化、中海油三家特大型能源集团公司彻底完成公司制改制。

另外，我国政府进一步精简能源项目审批流程，强调能源与资本市场的联系。2017年，我国能源局发布《关于深化能源行业投融资体制改革的实施意见》[①]，强调金融机构与能源企业投融资的关系，鼓励能源企业通过资本市场进行股票上市融资和通过债券市场发行企业债券融资，鼓励社会资本参与能源领域投资，为我国能源企业借助资本市场进一步拓宽投融资渠道指明了方向。

四、背景小结

改革开放40年多来，我国经济实现巨大飞跃，成为世界第二大经济体。能源为保障经济发展起到了不可磨灭的作用。当前，我国经济步入新常态，发展质量和效率问题突出，长期依赖化石能源造成的环境污染和温室气体排放问题，迫使我国能源发展寻求转型变革。

作为转型过程中的执行主体，能源企业的经营管理模式，从最初计划经济的国营企业转变为目前的现代公司制度，公司治理机制逐渐建立并凸显作用。随着能源与资本市场的联系越来越紧密，大量的能源企业通过上市获取融资，公司治理机制对于能源企业各项投融资决策已经起到举足轻重的作用。

第二节 研 究 意 义

一、理论意义

本书探讨了公司治理对我国能源企业投融资决策的影响，丰富了以下方面

---

① 《国家能源局关于印发〈关于深化能源行业投融资体制改革的实施意见〉》，国家能源局网站，http://zfxxgk.nea.gov.cn/auto81/201705/t20170502_2782.htm。

关于公司治理与公司金融的理论。

第一，以往学者研究企业资本结构动态调整时，更关注公司治理机制如何提高企业负债。本书基于我国能源上市企业的研究发现，能源企业有着较高的杠杆率，公司治理在合理降低负债比率中的作用更加显著，丰富了资本结构动态权衡理论。

第二，平稳的现金股利与好的公司治理都被视为有效控制代理成本的手段，能源企业作为自由现金流充沛企业，更应采用平稳的现金股利政策。本书探明了能源企业内平稳的现金股利与各公司治理机制之间究竟是替代还是互补关系，丰富了股利理论。

第三，詹森（Jensen，1986）观测到美国石油公司内累积大量自由现金流，并产生了严重的代理成本这一事实，由此提出了自由现金流假说，这一假说也成为公司金融的理论基石之一。本书重新审视中国能源上市企业内自由现金流问题与公司治理的作用，丰富了自由现金流理论。

二、现实意义

由于能源产品的资源属性和垄断历史，再加上战略安全的考虑，我国能源企业的公司制改制和投融资渠道都受到制约。能源上市企业内，高杠杆率、高国有股占比和丰富自由现金流的特征，都可能造成严重的代理问题。随着公司治理体系的确立，公司治理机制对能源企业投融资决策起着举足轻重的作用。

值此能源转型关键时期，国家保持开放的态度，加快能源企业市场化进程，降低行业准入门槛，能源企业的发展迎来新的机遇。只有充分了解以往能源企业投融资方面的表现，了解公司治理在降低代理问题方面起到的作用，总结经验不足，才能扬长避短，有利于促进企业的进一步发展。

综上所述，建立了现代公司制度后，能源企业公司治理效果如何，公司治理机制对投融资决策又有着什么样的影响，这些问题都亟待回答。本书以我国能源上市企业为切入点，考察公司治理对能源企业融资决策、股利分配决策和投资决策的影响，对于监管能源企业、制定相关政策、保障能源企业健康发展和能源转型有序进行具有重要的现实意义。

第三节 研究思路、框架与方法

一、研究思路

以往学者研究上市企业的投融资决策一般是以资本结构与自由现金流为出发点。资本结构涉及负债比率（即杠杆率）的高低和调整问题，自由现金流则关系到企业的分配与投资问题。以往文献表明，企业会制定一个最适合其发展的杠杆率，并且随着再融资成本的变动及时调整杠杆率水平（Flannery and Rangan, 2006），但由于代理问题的存在，企业经理人与股东利益有所分歧，制定和调整杠杆率的过程可能有悖最优路径（Morellec et al., 2012）。类似地，当企业满足现有资本维护并完成预期投资后仍余有现金，即拥有自由现金流时，将面临向股东分配还是进行再投资的抉择，经理人由于与股东利益的不同，他们有可能"挥霍"这部分自由现金流，将其投资于净现值小于零的项目，从而减少企业价值，损害股东利益（Jensen, 1986）。

公司治理的目的就是解决代理问题，在考虑委托代理成本的情况下研究如何使企业利润最大化（Shleifer and Vishny, 1997）。吉伦（Gillan, 2006）将公司治理分为内部（internal）治理和外部（external）治理。内部治理包括董事会（特征、结构及激励机制）、股权结构、管理层治理、资本结构和其他内部控制体系，即是对企业内部因素的探讨；外部治理则包括法律制度、市场结构及外部监督等外部因素。

本书的研究集中于公司内部治理的讨论，主要考虑董事会机制与股权机制。其中董事会是企业决策的核心。理论上，董事会成员拥有一定的资源和技能，可以为企业服务，董事会的思维过程和决策制定都是成员们经验、知识和价值观的表现，因此董事会对于企业的决策制定能够起到重要作用（Hambrick and

Mason，1984；Hillman et al.，2000；Hillman and Dalziel，2003；Pfeffer and Salancik，2003；Hambrick，2007）。另外，由于身份不同利益不同，不同股权持有者在企业决策制定过程中的主张也不尽相同，如国有法人有更多的政治诉求（Berkman et al.，2010），机构投资者则更看重企业的盈利能力（Guercio and Hawkins，1999），因此股权结构会影响公司追求价值最大化的动机。可见，董事会和股权结构均会对企业的投融资决策造成影响。

综上所述，本书拟选择董事会、股权结构等代表变量来衡量企业的公司治理机制，并将其纳入能源企业投融资问题的研究中，以查看公司治理在其中的作用。

二、研究框架

本书写作按照企业进行融资—生产经营—股利分配—留存收益转投资—再融资，进而循环该过程的逻辑，考察公司治理对能源上市企业融资、股利分配和投资决策的影响，从而系统地对能源企业内公司治理与投融资问题进行研究。写作顺序方面，本书首先梳理以往相关文献，其次筛选出与以上三项重要决策相关的财务指标，对能源与非能源（除金融类外）上市企业进行对比，以表明能源上市公司的特征和特性。随后以此为依据，分别研究公司治理对能源上市企业融资决策、股利分配和投资决策的影响。表1-1罗列了每章的研究问题与研究内容，图1-2梳理了全书研究逻辑。

表1-1　　　　　　　　　　本书研究问题与内容总结

研究问题	研究内容
能源企业特征描述	（1）能源企业的划分及行业分布
	（2）能源上市企业与其他（非金融类）企业融资决策指标对比
	（3）能源上市企业与其他（非金融类）企业股利分配指标
	（4）能源上市企业与其他（非金融类）企业投资决策指标
融资决策	（1）能源上市企业资本结构动态调整速度
	（2）公司治理因素对其资本结构调整速度的影响

续表

研究问题	研究内容
股利支付	（1）能源上市企业现金股利平稳程度
	（2）公司治理因素对其现金股利平稳程度的影响
投资决策	（1）能源上市企业过度投资程度
	（2）公司治理因素对其过度投资的影响

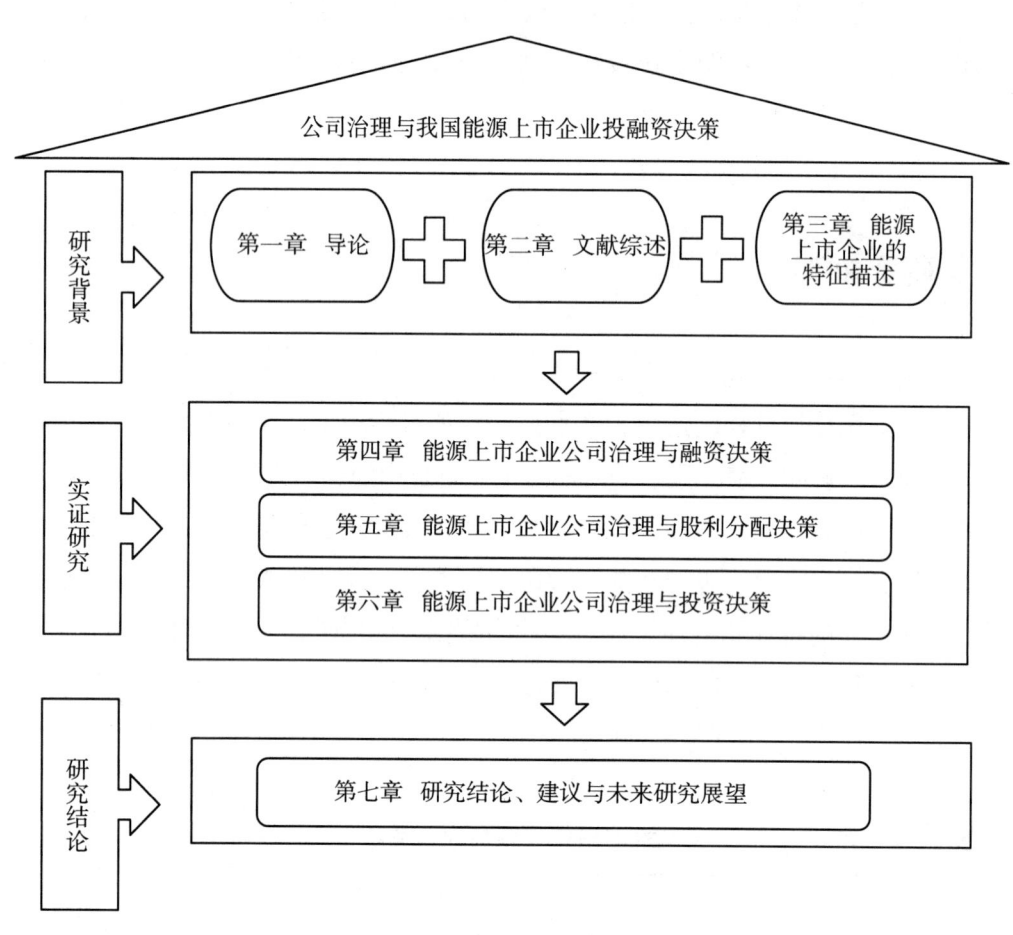

图1-2 全书组织框架

三、研究方法

本书利用能源上市企业投融资财务数据和公司治理数据，依据以往理论，建立模型进行实证研究，属于实证研究范畴。下面就实证数据、实证方法和内生性控制做一个简短论述。

数据方面，主体实证部分均使用 CSMAR 经济金融研究数据库，采用其整理的年度财务报表及上市公司董事会和股权结构方面的数据。另外本书还参考了中国研究数据服务平台（CNRDS）中"中国创新专利研究数据库"（CIRD）整理的研发投入数据。

实证方法方面，本书所用数据均为面板形式，因此在回归时均控制了年份和行业固定效应，同时根据数据动态形式，采用动态面板估计方法。针对分组回归，本书还采用邹检验（Chow test）和似不相关（SUR）检验以验证组间系数的差异性，使结果解释有理有据。

内生性控制方面，本书研究对象为能源上市企业，由此可能引发样本选择的担忧。但由于我们的目标即为探究能源上市企业的投融资决策，这在一定程度上限制了分析和结论针对的对象即为能源上市企业。同时在进行定量回归分析时，本书各章均采用系统广义矩估计（System GMM）方法对动态面板数据进行回归并以此为主回归结果进行参数解释，以期使用计量手段控制潜在的内生性偏误。

第二章
文献综述

公司金融与公司治理研究属于微观金融范畴，研究内容是微观个体企业的行为，目的是在一定代理成本的约束条件下研究企业如何进行价值最大化策略。良好的公司治理机制能够有效缓解企业面对的代理成本，对企业的健康发展至关重要。进行企业层面的研究既能够更好地对微观个体进行描述，又可以与宏观研究形成有益互补，完善整个知识体系。

根据本书拟研究内容，本章对融资决策、股利分配、投资研究与公司治理之间的关系先后进行文献综述，并将对能源企业的研究穿插其中。具体分为以下几个部分进行梳理。

第一节　融资决策与公司治理

企业在生产经营时首先面临的就是融资问题，筹集所需资金（或资本）进行生产建设和项目投资。融资可以分为权益融资（也称股权融资）及债务融资。从出资人角度出发，不同融资方式的风险和权益也不尽相同，因此他们在为企业提供资金融通时所要求的回报也有所区别，这使得权益融资和债务融资会为企业带来不同的融资成本。针对债务融资而言，支付给债权人的利息会使纳税基数减少从而具有税收优势，同时债务也会带来融资约束和监督效应。而利用权益融资时股东则会要求利益最大化从而最大限度获得回报，但并没有像债务融资一样约定利息。由此可见，选择资本来源及分配不同资本之间的相对比例，是企业生存和发展时面临的首要决策之一，同时这也是公司金融研究中的重要命题之一。因此本节对以往文献中与企业融资决策相关的研究及融资决策与公司治理之间的关系做一综述。

一、融资决策理论基础

资本结构通常被用来表示企业融资决策。资本结构指企业在进行融资时各项不同融资方式的比例，一般用杠杆率或负债率来表示，表达式为总债务÷总资产（Berger and Ofek，1995）。莫迪格利安尼和米勒（Modigliani and Miller，1958）的研究是现代资本结构研究的理论基础。他们认为，在拥有无税务成本、无交易成本、无破产成本和信息完全对称等条件的完美市场下，企业的价值不会因为其融资方式和资本结构的变化而变化。该理论也被称为"资本结构不相关理论"。随后的资本结构理论在放宽其假设条件的情况下进行了不同方向的拓展。

当放松成本相关假设时有静态权衡理论（static trade-off theory，Kraus and Litzenberger，1973）和动态权衡理论（dynamic trade-off theory，Fischer et al.，1989），当放松信息不对称假设时可以得到优序融资理论（又称"啄食顺序理论"，pecking order theory，Myers and Majluf，1984）和信号传递理论（signaling theory，Miller and Rock，1985）。这些理论由于基本假设不同，结论有所区别，但大多数情况下彼此之间并不存在冲突和矛盾（Fama and French，2002），反而共同认为资本结构与公司价值并非如莫迪格利安尼和米勒（1958）所认为的不相关。

拓展的资本结构理论均认为企业在融资决策的过程中实际上存在一个最优资本结构，该资本结构可以实现公司价值的最大化。然而正如常和达斯古普塔（Chang and Dasgupta，2009）及莫雷克等（Morellec et al.，2012）所指出的那样，融资是贯穿企业整个商业周期的关键环节，并不是最开始的融资完成后就可以一劳永逸了，再融资时所面临的融资成本可能会有所变化，企业不可能始终处于最优资本结构的状态，因此研究资本结构时若只看杠杆率水平值是不够的，而更应关注目标资本结构的变化及企业调整资本结构的动态趋势，否则可能会误入歧途、顾此失彼。

动态权衡理论（dynamic trade-off theory）可以很好地解释上述调节机制。凯恩等（Kane et al.，1984）及布伦南和施瓦兹（Brennan and Schwartz，1984）是最早提出动态权衡模型的学者们，他们假设企业在债务融资的税收优惠和破产成本之间进行权衡。费舍尔等（Fischer et al.，1989）在此基础上增加了交易成本的作用，并正式确立了动态权衡理论。动态权衡理论认为企业在面对资产价值波动时有能力重新进行资本结构组合，其依据是债务融资的成本和优势，两相权衡制定最优（或目标）资本结构，以最小化资本成本和最大化企业价值。当进行调整的收益大于成本时，企业会对资本结构进行动态调整，以使其向最优资本结构比率趋近。学术界对动态权衡模型的研究自此开始展开，后续文献以杠杆率水平刻画资本结构，并从理论和实证的角度探讨了目标杠杆率的决定及向目标杠杆率动态调整的行为。

二、目标杠杆率、决定因素及代理理论

在研究目标杠杆率的决定因素时，一些文献首先利用问卷调查的方式对企业实际经营中是否设定目标杠杆率进行研究。如格雷厄姆和哈维（Graham and Harvey，2001）对美国392家企业首席财务官（CFO）进行问卷调查，问卷内容涉及资本成本、资本预算及资本结构，当询问企业"是否设定最优或目标杠杆率"时，仅有19%的企业表示无，剩余81%的企业均表示拥有不同灵活程度的目标杠杆率，其中37%的企业设定非常灵活的目标杠杆率，10%的企业则拥有相对严格的目标杠杆率，余下34%的企业目标杠杆率设定的灵活度介于两者之间。我国一些学者发现我国上市企业也会制定目标资本结构。例如，陆正飞和高强（2003）以及李悦等（2007）先后对我国上市企业进行问卷调查，结果表明约有90%的企业都对目标资本结构有不同程度的认同和设定。连玉君和钟经樊（2007）的研究结果发现我国上市企业整体负债不足，同时企业内存在最优资本结构。

邦塞尔和米托（Bancel and Mittoo，2004）向720家来自欧洲16个不同国家的CFO发放问卷进行调查，内容与格雷厄姆和哈维（2001）类似但更强调企业资本结构的决定因素，他们收到了87家回复，其中75%的企业表明会设定目标杠杆率。布劳宁等（Brounen et al.，2006）也对欧洲企业进行问卷调查以研究企业资本结构决策，并将可用样本量确定为313家企业的CFO，结果显示超过2/3的英国、荷兰或德国企业设定目标杠杆率，来自法国的企业约有1/3对杠杆率设定目标。以上问卷中均以资产负债率刻画杠杆率，这些调查肯定了目标杠杆率的设定是企业运营和实践中的一项重要决策，证实了企业实际经营中确实重视并会制定最优资本结构。

其他一些文献则对目标杠杆率的决定因素进行探讨。例如，利里和罗伯茨（Leary and Roberts，2005）的研究表明企业调整成本的变动会改变目标杠杆率水平，同时他们还发现企业会对杠杆率进行动态调节以重新回归平衡状态，从而

印证了费舍尔等（1989）的动态权衡理论。弗兰纳里和兰根（Flannery and Rangan，2006）对企业杠杆率建立局部调整模型，结果表明企业确实设定目标杠杆率，且该目标杠杆率取决于企业特征，如企业盈利能力、成长机会、企业规模、研发投入、折旧及所处行业等。当企业高于或低于该目标值时会进行动态调整，每年的调整速度约为差值的 1/3，但当他们试图对该调整行为进行解释时发现，市场时机与优序融资对该调整行为的解释力度不足 10%，而动态权衡理论的解释力度则高于 50%。

弗兰克和戈亚尔（Frank and Goyal，2009）也对影响资本结构的因素进行了研究，他们整理出以往文献所探究的因素，包括行业效应、企业收益、企业成长性、企业风险、企业规模、不同性质资产、税收因素、评分（用于代表供给侧因素）、股票市场、债务市场和宏观市场环境等方面，并在此基础上寻找可靠稳定的影响因素，结果表明，企业会趋向于其行业内中位企业的杠杆率水平，同时，市账比、企业利润对目标杠杆率有着显著且稳健的负向影响，而有形资产、企业规模和预期通货膨胀率则具有显著正向影响。

黄和里特（Huang and Ritter，2009）以美国 1964~2001 年公开上市交易的企业为样本，使用企业预期收益与长期增长率回归得到企业期初隐含股权风险溢价（Equity Risk Premium，ERP），并以此衡量股权融资的相对成本，结果发现当股权融资成本相对较低时企业更倾向于使用外部股权融资，并且股权风险溢价通过影响企业证券发行对资本结构产生了长期且稳健的影响。厄兹泰金（Öztekin，2015）利用来自 37 个不同国家，共计十万余样本研究并对比了不同国家不同企业内资本结构的决定因素，结果表明即使处于不同国家，企业规模、有形资产、行业平均杠杆率、企业利润及通货膨胀因素是影响企业目标杠杆率的通用变量。

苏冬蔚和曾海舰（2009）从对宏观经济的影响出发进行研究，结果表明我国上市企业的杠杆率在宏观经济上行时降低，下行时上升，信贷违约风险与杠杆率呈负向关系，信贷配额及股票市场表现则与杠杆率之间不相关。

最早将代理问题纳入资本结构理论的是詹森和梅克林（Jensen and Meckling，1976），他们认为由于所有权与经营权相分离，公司的代理人在融资决策的过程中可能会以损失股东利益为代价来实现自身的利益。郎（Lang，1987）及罗斯曼和哈特（Grossman and Hart，1982）分别从理论上指出由于经理在企业破产时也会失去他们所拥有的股份和权益，因此基于企业可能破产带来的压力，他们更倾向于采用低于使企业价值最大化的负债比率以减少企业的破产概率，从而保障自身的利益。

詹森（1986）、兹维贝尔（Zwiebel，1996）和莫雷克（Morellec，2004）等均认为企业负债会减少企业的自由现金流及经理潜在的现金转移行为，因此企业的负债行为可以监督约束经理行为，缓解委托代理问题，进而提高企业经营效率。弗兰德（Friend）和郎（1988）发现管理者持有越多的股权，利益冲突越少且内部管理者根据其自身利益决定负债比率的能力和意愿也越强，同时他们也同样认为稍高的负债水平有助于缓解管理者和股东之间的委托代理问题。

然而这些文献均从资本结构水平值出发进行讨论，忽略了企业应对融资成本波动，并重新进行资本结构选择时委托代理问题的存在和影响，对企业动态资本调整中委托代理问题的讨论仍然不足。

三、资本结构动态调整与代理理论

黄和里特（2009）指出，仅看资本结构水平值已经不够，动态调整问题已经是当今研究的重点问题。针对向目标杠杆率动态调整的行为，现有研究已经成功地证明了企业的确设定可变的目标资本结构，并会依照目标资本结构的变化而调整其杠杆率（Flannery and Rangan，2006；Lemmon et al.，2008；Huang and Ritter，2009；Faulkender et al.，2012）。

常和达斯古普塔（Chang and Dasgupta，2009）的研究假设所有企业都具有相同的调整速度，这显然不尽合理。理论表明动态调整的最优速度取决于调整收益和成本的相对大小，但对于调整速度的定量结果也不尽相同。正如弗兰克和戈亚尔（2007）综述性文章中所述，公司杠杆率是企业层面的均值回归问题，但是回归速度问题仍未解决。

法玛和弗兰奇（Fama and French，2002）及斯德布拉耶夫（Strebulaev，2007）都发现杠杆比率拥有非常显著的惯性特征，调整速度相对缓慢。其中法玛和弗兰奇（2002）依据权衡理论验证了企业杠杆率具有均值回归特征，具体定量衡量时他们将样本分为进行股利支付和不进行股利支付的企业分别估计，结果发现进行股利支付的企业的调整速度介于7%~10%，不进行股利支付的企业的调整速度则介于15%~18%，他们称之为"蜗牛的速度"。斯德布拉耶夫（2007）利用校准的动态权衡模型来模拟企业资本结构调整路径，他也同样发现杠杆率具有均值回归特征，当进行定量估计时发现调整速度为17%，但企业大多数时候并不对杠杆率进行调整，一旦开始调整就是大幅的调整，他称之为"卧虎之态"。

莱蒙等（Lemmon et al.，2008）对调整速度进行估计时发现企业调整速度稍高于法玛和弗兰奇（2002）及斯德布拉耶夫（2007）的数值，平均每年以25%的速度向目标杠杆率进行调整，但长期来看资本结构是非常稳定的，首次公开发行（IPO）前一年的杠杆率甚至可以预测之后20年的杠杆率水平。弗兰纳里和兰根（2006）的研究结果则得到更高的调整速度，他们分别利用市值和账面价值衡量杠杆率并对其动态调整行为进行研究，结果表明在这两种杠杆率的衡量方式下动态调整的速度均较快，具体而言，当使用市场杠杆率时，平均每年调整速度为35.5%，而使用账面杠杆率时调整速度为34.2%，这说明企业用大概三年的时间就可以完全消除外部冲击对杠杆率的影响并达到新的目标杠杆率。利里和罗伯茨（2005）及阿尔蒂（Alti，2006）则发现股票发行对杠杆率的影响在2~4年内会完全消失，这意味着企业向目标杠杆率进行调整的速度大致介于25%~50%，同样也很快。

我国学者姜付秀等（2008）及黄继承和姜付秀（2015）先后对产品市场竞争对上市企业资本结构动态调整的速度和偏离值的影响进行研究。结果表明产品市场竞争越激烈，调整速度越快，企业距离目标杠杆率的偏离值越小，这显示出产品竞争具有治理机制效应。姜付秀和黄继承（2011）还研究了市场化进程对我国资本结构动态调整速度及偏离值的影响。结果表明，调整速度随着市场化程度的提高而加快，偏离值随着市场化程度的提高而降低。此外他们还发现市场化程度的影响不随企业性质不同而变化，但是根据负债水平的高低有所不同，对于过度负债的企业而言，这种影响更加显著。闵亮和沈悦（2011）的研究结果表明，宏观经济衰退使受到融资约束的企业向下调整目标资本结构，使不受融资约束的企业向上调整。

赵兴楣和王华（2011）从我国制度背景和政府控制角度研究了上市企业的资本结构动态调整。结果表明政府控制的企业调整速度更快，而国有股占比与企业调整速度之间呈倒"U"型关系，流通股比例增加则会降低调整速度。他们的研究结论对进一步理解股权分置改革有积极意义，股权分置改革使得流通股增多,但股权分置的摩擦并没有随着流通股占比增加而改变。

以往研究对于调整速度的具体决定因素同样也并未达成统一共识。福克恩德等(Faulkender et al., 2012)的研究假设企业有不同的调整速度,且该调整速度不仅由融资偏好决定,还与企业自身特征相关。其他一些研究表明调整速度与公司内、外部机制均有着显著关系,如交易成本(Korajczyk and Levy, 2003; Strebulaev, 2007)、自由现金流(Faulkender et al., 2012)、股权融资成本(Altınkılıç and Hansen, 2000; Zhou et al., 2016)及市场化和宏观经济状况等(苏冬蔚和曾海舰,2009; Cook and Tang, 2010;姜付秀和黄继承,2011; Drobetz et al., 2015)。

尽管以往文献花费了大量精力讨论企业目标杠杆率和调整速度的决定因素,但对代理成本作用的讨论仍显不足,更不用说对能源企业这一资本密集型行业的具体研究。

蒂特曼和齐普拉科夫(Titman and Tsyplakov, 2007)注意到债权人与股东之间的代理冲突,为此他们构建了一个连续的动态模型,发现债权人和股东之间的利益冲突会影响目标杠杆率及向其调整的速度。他们指出债权人偏好价值最大化政策,因此倾向于降低目标杠杆率,而股东采用股权利益最大化政策,因此不倾向于降低目标杠杆率,在此代理冲突下,目标杠杆率的调整速度将会有所放缓。但他们只是从理论演绎的角度来讨论代理冲突,没有对公司治理渠道进行研究。

值得注意的是,蒂特曼和齐普拉科夫(2007)在研究最优资本结构时挑选了一个代表性行业——黄金开采业作为研究样本。这是因为他们认为黄金开采业受产品价格的波动影响较大。这同样也可以适用于能源企业。目前我国能源产品定价还未完全市场化,面对国际能源价格波动时将受到较大的冲击。

近年来,代理理论与权衡理论框架相结合并对企业资本结构决策进行解释的研究逐渐显现出来(Frank and Goyal, 2009)。莫雷克等(2012)开拓性地将经理人与股东之间的代理问题纳入资本结构动态调整模型,他们认为除了费舍尔等(1989)提出的市场摩擦因素外,经理人和股东之间存在的代理问题对资本结构动态调整同样重要。因此他们建立了理论模型对资本市场摩擦与经理—股东冲突之间的关系进行刻画,随后进行校准和实证检验,结果表明目标杠杆率过低和动态调整速度缓慢是由股东和经理人之间所存在的代理问题造成的,若不考虑代理成本的存在,虽然再融资成本可以解释资本结构决策,但是其解释力度很小,且无论是外部还是内部公司治理机制都会显著影响企业价值和融资决策。

黄继承等（2016）基于莫雷克等（2012）的理论，着重探讨了我国上市公司经理薪酬激励的作用。结果表明，随着经理薪酬的增加，经理人与股东之间的代理问题得到缓解，原本被扭曲的调整速度分别得到修正，过慢的向下调整速度得到提速，过快的向上调整速度也得到减缓，使企业能够更有效地向目标资本结构进行调整。

部分学者针对我国能源上市企业的资本结构及其动态调整行为进行研究。例如，韩建丽和张瑞稳（2009）以我国 2000～2007 年 31 家能源上市企业为样本，采用逐步回归法对资本结构及其动态调整进行研究。回归结果显示，企业资本结构调整成本较大，其中企业成长性、企业规模和资产担保价值与资本结构有着显著的正相关关系，而盈利能力及资产管理能力则有着显著的负相关关系。同时他们的模型中也引入了一些宏观经济指标，如经济增长率、通胀率等，但是发现回归系数均不显著。对此他们认为是由于能源上市企业有着较高的调整成本，因而对宏观经济状况反应不够灵敏。

熊国保和马儒慧（2017）以 2013～2015 年 87 家能源上市企业为研究对象，采用面板回归方法对企业资本结构的决定因素进行探讨，他们着重强调了企业层面的特征对资本结构的影响。结果表明，有形资产比、非债务税盾、资产流动性与资本结构有着显著的正相关关系，企业规模、盈利能力则与资本结构有着显著的负相关关系，企业成长性、产品特殊性的回归系数并不显著。值得注意的是，他们回归模型的调整可决系数达到了惊人的 0.993。

第二节 股利分配与公司治理

一、股利分配理论基础

当企业进行生产经营到一定阶段时应当对所取得的收益进行分配，在去除对债务融资的还本付息后，余下的盈余部分一部分作为留存收益，用于企业以后的投资和经营，另一部分则要对股东进行分配，即股利分配。股利分配，尤其是现金股利的发放，关系到企业内部自由现金流的消耗，因此与股东利益密切相关。几十年来，公司如何进行股利支付决策及决定向股东支付多少股利，一直是金融经济学家关注的焦点。

米勒和莫迪格利安尼（1961）提出"股利无关论"（dividend irrelevance theory）。他们认为企业的价值只与企业的投资决策相关，企业的股利发放与企业价值之间不相关。与他们在1958年提出的资本结构无关论相同，股利无关论建立在非常严格的假设上，这些假设在现实的非完美市场上难以实现。因此在放松其假设条件的基础上，衍生出以下理论对股利支付的动机进行解释。

戈登（Gordon，1959）指出相比较未来具有不确定性的收入，外部股东更愿意在当下持有确定性的股利收入，为此他提出了"一鸟在手理论"。巴塔查里亚（Bhattacharya，1979）及米勒和罗克（Miller and Rock，1985）均认为企业的股利分配公告可以向投资者提供企业未来生产经营的信息，据此他们支持了"信号理论"。

林特纳（Lintner，1956）和布拉夫等（Brav et al.，2005）都非常重视现金流量不确定性的作用。他们认为，管理者或大多数首席财务官认为未来现金流量的稳定性是实施分红政策时的一个重要因素。贝纳茨等（Benartzi et al.，1997）及古隆和迈克利（Grullon and Michaely，2002）也更重视股利分配的动态改变，他们基于信号理论发现在企业改变股利分配政策的同时也会向市场和投资者传递企业未来绩效信息。

伊斯特布鲁克（Easterbrook，1984）和詹森（1986）从股利分配与代理成本角度出发，认为股利发放能够有效地缓解股东与经理人之间的委托代理成本，为研究股利分配与公司治理之间的关系打下了理论基础。

二、股利发放水平研究

一些研究表明企业股利支付水平与盈利水平和投资机会相关。法玛和弗兰奇（2002）借鉴资本结构中的权衡理论和优序理论研究企业股利分配的问题，发现盈利越多的企业的股利分配水平越高。同时他们还发现，企业长期投资的增长伴随着长期股利分配水平减少，但是股利分配并不会随着短期投资水平的变化而变化。

希金斯（Higgins，1972）建立模型将企业股利发放水平与企业盈利能力和投资关联起来，他以估值理论（valuation theory）为理论依据，以企业追逐股东价值最大化为前提，认为企业采用剩余股利政策来制定最优股利支付水平。如果股利支付不足会造成流动性过剩的问题，而股利支付过高则会增加外部股权的融资成本。他们的模型表明最优股利支付是上述两者成本最小化的结果，且不同股利支付水平取决于企业盈利能力和未来投资需求的不同，企业盈利越多，股利支付越多，企业投资需求越大，则支付的股利越少。

艾瓦齐安等（Aivazian et al.，2003）选择韩国、印度、马来西亚、泰国、津巴布韦、约旦、巴基斯坦、土耳其为新兴市场代表，与以美国为代表的发达资本市场进行对比。结果发现不论新兴市场或发达市场，股利发放水平均与企业盈利能力和成长性正相关，与杠杆率负相关，但具体影响程度迥异。萨塔尔等（Sattar et al.，2017）对巴基斯坦的能源和纺织两个行业的分红派息率与企业盈利能力之间的关系进行研究。结果表明，能源部门的股利发放率显著更高，但股利支付率与企业未来盈利能力之间存在负相关关系。

还有一些研究探讨了股利发放水平与代理成本之间的关系。罗泽夫（Rozeff，1982）认为支付股利可以降低代理成本，但也同时减少了内部自由现金流，使企业转向外部融资，从而增加交易成本。据此他断定企业股利支付的最佳水平是在权衡代理成本和交易成本后得到的结果。他的研究结果表明，企业的投资需求、负债融资和代理成本均对最优股利支付水平造成影响。高成长性和高财务杠杆的企业更倾向于支付较低水平的股利，当内（外）部人持股比较低（高）时，企业更倾向支付较高水平的股利。

拉波塔等（La Porta et al.，2000）发现，现金股利的发放可以降低内部股东与外部投资者之间的委托代理成本，尤其当有法律对现金股利发放和中小投资者进行保护时，外部投资者能够更好地要求企业利用留存收益发放股利，且股利支付率也更高。法乔等（Faccio et al.，2001）以欧洲和东亚企业为研究对象。他们指出欧洲和东亚企业更多为家族企业，因此控股股东与外部股东之间的代理问题显著，表现为控股股东攫取外部股东利益。他们的研究结果表明，现金股利的发放可以缓解两者之间的代理问题，并限制控股股东的攫取行为。

丹尼斯和奥索博夫（Denis and Osobov，2008）利用来自美国、加拿大、英国、德国、法国和日本的数据调查企业支付股利的驱动因素。他们发现，在这六个国家中，影响股利支付的因素是相似的，包括公司规模、盈利能力和成长机会。他们证实，利润较高的公司将支付更多的股利。此外，他们的研究结论对信号理论提出了挑战，但为基于代理成本的生命周期理论提供了证据，突出了公司治理的作用。

我国对上市公司的股利发放实行"半强制分红"政策，该政策与企业再融资活动相关联，限制近三年累积现金分红水平未达到可分配利润20%的企业进行再融资活动。然而余琰和王春飞（2014）的结果表明由于该政策与再融资挂钩，有再融资需求的企业显著增加了现金分红，但仅达到了最低要求，融资方案确定后现金股利支付意愿又明显降低，并且该政策导致了股利的波动性提高。李常青等（2010）也发现该政策颁布实施后，市场投资者情绪经历了从最初的期待到逐渐失望的过程，显示出一定的政策局限性。由此可见，对于我国上市企业的股利发放而言，片面要求现金分红的水平值可能是不够的，还应注重股利发放的平稳性。

三、平稳股利政策及代理成本

实际的生产经营中，企业股利政策的选择大致可分为四类。第一，"剩余股利政策"，即企业在对投资机会进行评估后，根据目标资本结构先从企业盈余中留出所需权益资本，并使用剩余盈余作为股利向投资者进行分配；第二，"稳定股利政策"，即企业将其每年发放的股利固定在某一范围内保持不变，只有遇到显著且不可逆转的盈利变化才会修改股利发放水平；第三，"固定股利支付率政策"，即企业设定股利占盈余的比例，并按此比例进行支付；第四，"基础股利与额外股利政策并用政策"，即企业保证每年固定支付较低水平的一个基础股利，若遇到某年企业盈余较高则额外发放一部分股利。

其中，稳定的股利政策有利于向市场传达企业健康发展的状态信息并可以固定消耗自由现金流，对于能源这类成熟且拥有充沛现金流的企业更适用。迪安杰洛和迪安杰洛（DeAngelo and DeAngelo，2007）也指出，企业支付高水平和更稳定的现金股利可以增加企业的外部股权融资，限制内部自由现金流，控制代理成本，对于成熟企业效果更佳。

林特纳（Lintner，1956）基于对美国28家上市公司的问卷调查发现，企业对于股利发放的平稳性十分重视。企业CFO认为股利发放平稳性会为企业带来市场溢价，因此并不是在每次发放前（美国一般为每季度）都重新制定相关股利发放细节，而是首先思考是否有更改现有股利水平的必要，如果有必要才会对调整的细节进行制定。据此他提出企业股利发放的局部调整模型，虽然他并没有对该模型进行理论推导，但该模型与实际操作契合度较好，因此成为日后学者对股利支付平稳性进行衡量的标准（Fama and Babiak，1968；Brav et al.，2005；Andres et al.，2015）。

本纳瑟等（Ben Naceur et al.，2006）利用林特纳（1956）的模型对突尼斯上市公司的股利平稳性进行研究。结果表明，突尼斯上市公司的经理人不对股利进行平滑调整，股利调整速度达到了惊人的96%。安德烈斯等（Andres et al.，2015）针对德国1998年开始实施的股权回购机制，拓展了林特纳（1956）的局部调整模型，对股利发放和包括股份回购在内的总发放进行回归。结果表明，股份回购实施后，股利支付率和总支付率都有所降低，股利支付的调整速度下降，而总支付调整速度则提高了，两者平稳性的改变并不相同。

伊斯特布鲁克（Easterbrook，1984）从理论上陈述了平稳的股利支付如何消除委托代理成本的影响。他认为企业在决定股利支付水平时追求的是资本成本、代理成本和税务成本的综合最小化，其中代理成本主要是由经理人的监督成本和经理人规避负债融资的动机所导致，但是如果企业持续在资本市场进行新的融资则前述两个导致代理成本的问题会被大大削弱，因为持续稳定的股利支付既可以降低企业内部的权益资本累积，又可以迫使公司筹集新的资金来继续企业的生产经营，因此能够有效促进监督机制的实施和保持一定的负债比率，从而缓解代理问题。

博恩和林比（Born and Rimbey，1993）为验证伊斯特布鲁克（1984）关于股利支付和代理成本的假说，以1962~1989年长期未进行股利分配但突然首次或恢复现金股利发放的490家上市企业为研究对象，对企业融资行为、股利政策的变动及股东财富之间的关系进行检验。结果表明股利支付确实会降低代理成本，这是因为股利支付增强了公司对外部资本的依赖，从而增加了外部审计的频率，使得代理成本降低并增加了股东财富。

艾瓦齐安等（2003）发现，新兴市场上市企业的股利分配更不平稳，调整速度大于美国上市企业，并将此不同归结于国家制度的不同。由于银行贷款在新兴市场中占据非常重要的地位，新兴市场的上市企业股利分配更受其资产构成的影响，通过股利传达盈利信息的有效性大大减少。

拉姆布雷希特和梅叶斯（Lambrecht and Myers，2012）从经理人寻租角度对林特纳（1956）的模型进行了理论证明，并解释了企业平滑股利的动机。在他们的模型中，股东要求使用股利发放来控制代理成本，管理层发放现金股利的过程中有进行寻租的空间，因为现金股利发放使得再融资变得相对容易，更利于管理层获得企业控制权。经理人效用函数中的风险规避属性使得他们希望获得稳定的租金，股利支付也因此变得平稳。

利里和迈克利（Leary and Michaely，2011）研究了不同企业平滑股利支付和总支付的行为并解释了为什么企业要采用平稳的股利支付政策。他们首先发现并验证了以往林特纳（1956）衡量股利支付平稳性的方法偏差较大，并提出了新的衡量方法。基于所提出的对股利支付平稳性的衡量，他们发现不同企业遵循不同的股利支付平稳性政策，且该平滑行为随着企业所受市场摩擦的不同而不同。具体而言，他们发现企业股利发放的平稳性与信息不对称和企业所面临的代理冲突相关。企业所受的融资约束越少、面临的信息不对称越少、越容易受到代理冲突的影响，越倾向于发放平稳的股利。

目前我国研究更多地着眼于股利支付倾向及水平，对于平稳性的探讨还不够（刘星和陈名芹，2016）。针对股利平稳性的研究从吕长江和王克敏（1999）的文章开始才有所显露。他们改进了林特纳（1956）的模型并对我国上市企业的股利调整速度进行回归，结果发现我国现金股利调整速度高达125.1%。后续研究，如任有泉（2006）、李茂良等（2014）、刘星等（2016）等均发现我国上市企业股利分配平稳性较差。

其中，任有泉（2006）发现我国上市企业现金股利支付只和当年盈余相关，与上年股利发放水平不相关，调整速度为97%。李茂良等（2014）以1994~2012年我国上市企业为研究样本，大幅拓展了样本容量并改进了回归方法，采用动态面板模型的研究方法拓展了林特纳（1956）的局部调整模型，从市场、政策和企业特征方面详细探讨了我国上市企业现金股利的稳定性及决定因素。结果表明,我国股票市场整体股利支付波动相对于盈余波动更小,股利发放整体具有一定稳定性,但是单独企业的稳定性较差。他们估计的调整速度值介于44.8%~79.6%。

刘星等(2016)借鉴利里和迈克利(2011)的衡量方法,利用企业近三年每股现金股利标准差与每股收益标准差之比来衡量企业现金股利平稳性,并从管理者寻租角度出发,研究股权激励如何影响我国上市企业股利平稳性。结果发现,股权激励计划与企业现金股利发放平稳性之间呈显著负向关系。他们认为这是由于股权激励能够被用来掩盖高管寻租动机,因而无法起到缓解代理冲突的作用。

四、平稳股利政策的其他解释

另有一些学者从信息不对称和收益平滑理论的角度对企业发放平稳的现金股利进行解释。弗登博格和梯若尔(Fudenberg and Tirole, 1995)以及德马佐和桑尼科夫(DeMarzo and Sannikov, 2008)提出了最优契约模型,该模型指出公司所有者与管理者之间存在信息不对称,并由此产生了股利平滑行为。弗登博格和梯若尔(1995)认为,委托人根据代理人的业绩或股利报告产生对未来现金流的预期,尤其对近期报告中的信息更加重视。因此经理人为了减小被解雇的风险,他们倾向于先低报较好的营业收入,以备未来出现不利冲击时可以用低报的部分弥补业绩表现。

德马佐和桑尼科夫(2008)指出,委托人和经理人均可以通过企业现金流了解盈利能力。但是经理人能够根据企业生产能力制定目标现金余额,并通过股利支付来操纵企业现金储备,高于目标现金余额的部分被企业用来进行股利分配,当有短暂冲击影响时,企业使用现金储备进行调节从而吸收部分现金流的波动,并由此导致平稳的股利发放。以上理论模型均表明,由于信息不对称,企业所有者只能从财务报表中了解企业真实的盈利能力,经理人基于自身利益的考虑倾向于平滑财务报表,由此产生了平稳的股利支付。

科里和迈克利(Leary and Michaely, 2011)的实证结果则表明企业面临较少的信息不对称时更倾向于平滑股利支付，他们用于刻画信息不对称的变量中要么对调整速度有着负向作用，要么是作用不显著，均无法证实信息不对称与股利平稳性之间的正向关系。

米勒和斯科尔斯（Miller and Scholes，1978）指出，由于个人所得税的一些规定使得个人投资者的股息税较少，但应用这些规定需要长期计划，因此长期平稳的股利发放更受个人投资者的青睐。他们的研究也表明当企业拥有较多个人投资者时股利发放更趋于平稳。贝克等（Baker et al.，2007）发现只要投资者平滑其消费，股利发放也因此得到平滑。他们的发现也证实股利平滑行为在拥有更多个人投资者的企业中更受欢迎。贝克等（2016）根据行为金融理论建立模型，该模型假设投资者厌恶股利削减，并且经理人掌管的真实现金盈余不为外部投资者所知，因此他们在发放股利时会留存足够的现金收益以防下期股利发放时出现现金流短缺，从而保证了股利的平稳发放。

第三节 投资决策与公司治理

一、投资决策理论基础

莫迪格利安尼和米勒（1958）认为，投资是唯一影响企业价值的因素，而影响投资的因素只有投资机会，据此提出"投资—现金流无关论"。他们从理论上论证了企业的投资只与投资机会相关，而不与其内部筹集现金流相关。然而该结论依然建立在一系列严格的假设上，实际市场并不能满足相应条件。以往许多研究也已表明投资与自由现金流之间实际上有着显著的正相关关系（Jensen，1986；Chirinko，1993；Hubbard，1998）。

理论上解释投资与企业现金流之间的关系一般从两个角度出发。第一从信息不对称带来的融资约束角度出发。梅叶斯和梅吉拉夫（Myers and Majluf，

1984）指出，由于存在信息不对称，外部投资者要求的资本溢价较高，导致企业外部融资的成本大大增加，而企业内部拥有的自由现金流的资本成本相对较低，因此企业遵照先内部融资再外部融资的融资优序。当企业面临的投资机会超过经营的现金流时，可能被迫放弃投资，这会导致投资不足。随后法扎里等（Fazzari et al.，1988）提出融资约束假说，他们也认为由于外部融资成本相对较高，因此企业更依赖内部自由现金流进行投资，由此导致受到融资约束的企业的投资现金流敏感性更高。

第二从代理成本角度出发。詹森（1986）基于企业的经营权和所有权的分离提出自由现金流假说。他认为经理人可以借着扩大企业规模为自身带来诸多好处，有助于他们建立"商业帝国"。由于经理人与股东之间存在代理冲突，经理人可能会挥霍企业筹集到的自由现金流，进行过度投资，盲目扩张企业规模。史图斯（Stulz，1990）认为，经理人可以从投资中获得在职消费，由于经理人和股东之间存在代理成本，经理人有可能不顾股东利益是否最大化，而将所有可用资金进行投资，由此产生过度投资。

二、自由现金流与过度投资

自詹森（1986）建立自由现金流假说以来，许多学者都对企业内是否存在自由现金流，以及自由现金流是否引发过度投资进行了研究。格里芬（Griffin，1988）以1979~1985年末25家石油公司为样本，分别构建了新古典、纯粹和混合自由现金流模型进行实证检验，结果表明石油行业确实存在由自由现金流引发的代理问题。哈福德（Harford，1999）的研究表明现金充沛的企业更喜欢进行收购，然而从股票收益率来看，这些收购项目的投资价值更差，不仅使企业股票回报减少，还会使经营业绩变差，损害股东权益。他的发现验证了自由现金流会引发代理成本问题，经理人投资时并不会站在股东的角度以投资价值为准。

沃格特（Vogt，1994）对于投资与现金流之间的关系进行了检验，并探究两者相关联的原因。结果表明，对于规模较大、股利发放水平低和托宾Q值较低的企业而言，它们面临更大的代理问题，此时詹森（1986）的自由现金流假说的解释效果更好；对于规模较小、股利支付水平低和托宾Q较高的企业而言，它们属于成长型企业，对资金需求量大，因而梅叶斯和梅吉拉夫（1984）的融资约束假说的解释效果更好。奥普勒等（Opler et al.，1999）用资产负债表中的现金项目衡量企业是否拥有超额现金，并用托宾 Q 来衡量企业的投资机会。结果表明，即使投资机会不佳，拥有更多现金流的企业也有着更高的资本支出和更多的收购支出。

蒂特曼等（Titman et al.，2004）指出，股东应当辩证地看待经理人进行投资这一行为。经理人决定增加资本支出，可能是基于企业拥有良好的投资机会，也可能是因为企业经理人倾向过度投资。他们的结果印证了股东无法有效识别经理人过度投资的动机，由此导致了资本投资与企业股票未来收益的负相关，尤其对于拥有较多自由现金流和较低负债比的企业而言，这种负相关更显著。他们的结论也印证了自由现金流假说。

克洛克和蒂斯（Klock and Thies，2005）发现，由于无法有效地被债务融资约束，非预期自由现金流的增长将会显著促进投资，这种关系在托宾 Q 值低的企业内更为明显。帕夫利纳和伦内布格（Pawlina and Renneboog，2005）发现英国上市企业内投资与现金流之间敏感性很强，且该敏感性是由自由现金流引发的代理成本所致。理查森（2006）根据企业每年公布的财务报表，利用会计信息，建立投资预期模型，利用回归结果衡量企业的过度投资和自由现金流，并探讨两者之间的关系。结果表明，拥有充沛自由现金流的企业更倾向过度投资。

吉扎尼（Guizani，2017）以石油丰富国——沙特阿拉伯的企业为研究对象，探讨了企业的现金持有决策，并将样本划分为石化企业与非石化企业。结果表明，两者在现金持有方面的决定因素显著不同，石化企业内投资支出、股利分配、现金流波动性与油价都将影响现金持有，而非石化企业则仅受杠杆率的影响。

以往研究表明，我国上市企业投资与现金流之间存在敏感性，一部分学者认为这是由自由现金流引发的代理问题（何金耿和丁加华，2001）所致，另一部分学者认为这是由融资约束（冯巍，1999；郑江淮和何旭强，2001）所致。

连玉君和程建（2007）对托宾 Q 的衡量偏误进行修正，估计了适用我国的基准 Q，并以此探究了我国上市企业内投资和现金流之间的敏感性问题。结果表明，我国上市企业内投资与现金流之间高度敏感。对于融资约束较少的企业而言，自由现金流引起的代理问题是两者敏感性的主要原因，这将导致过度投资问题；对于融资约束较强的企业而言，融资约束造成了投资与现金流之间的高度敏感，这将带来投资不足问题。

黄乾富和沈红波（2009）的研究表明我国制造业上市企业内，投资与现金流之间存在较强的敏感性，这是由代理成本和融资约束共同导致的。他们还发现，企业负债比的增加能够降低过度投资，其中商业信用和短期债务的约束作用更有效。张宗益和郑志丹（2012）利用融资约束和代理成本对我国上市企业的非效率投资进行研究。结果表明，融资约束导致企业投资不足，代理成本则导致企业过度投资，自由现金流多的企业有着较严重的过度投资问题。

周等（Zhou et al., 2017）借鉴理查森（2006）对过度投资的衡量方法，对我国上市企业内信贷扩张、自由现金流和过度投资进行研究，结果表明信贷扩张和自由现金流促进了企业的新投资和过度投资。

三、公司治理与自由现金流的过度投资

以往学者对如何降低由自由现金流引发的过度投资进行了探讨。詹森（1986）和史图斯（1990）都建议企业通过负债融资来控制自由现金流水平。这是因为债权融资对企业形成一定的信息披露和审计等要求，并且还本付息的压力会对经理人行为造成约束。罗泽夫（1982）发现上市企业支付股利可以减少内部自由现金流，从而降低代理成本。

郎和利岑贝格尔（Lang and Litzenberger, 1989）利用托宾Q值小于1来衡量过度投资企业。他们发现股利分配可以降低由自由现金流引起的过度投资问题。对于过度投资企业而言，股利分配起到释放投资决策相关信号的作用，如果现金股利水平下降，则意味着可能有更多净现值小于零的项目要被投资。

近年来，学者对于公司治理机制如何减轻自由现金流与过度投资敏感性展开研究。帕夫利纳和伦内布格（2005）的研究发现，由于自由现金流引发的代理问题，英国上市企业内投资与现金流高度敏感。进一步研究发现，内部人持股比与该敏感性之间的关系呈非线性，内部人持股比增加最开始会增加敏感性，到达一定程度后由于连接了经理人与股东之间的利益反而会降低敏感性；金融机构股东等外部大股东由于股权制衡的作用，能够降低投资与现金流之间的敏感性；政府由于有效的监督作用也能降低投资现金流敏感性。

理查森（2006）通过主成分分析法从以往文献中筛选出14个公司治理变量，并探讨了公司治理对自由现金流的过度投资的影响。研究表明，公司治理对两者关系和过度投资只有轻微的缓和作用，仅积极股东（activist shareholder）和反收购措施能够显著降低过度投资。阿蒂格等（Attig et al.，2012）研究了机构投资者投资期限的作用。他们发现较长的投资期限使得机构投资者更有效率和动机去实施监督，这使得企业内部、外部融资之间的成本差距缩小，因而降低了企业投资与现金流之间的敏感性。

我国一些学者的研究针对自由现金流引发的过度投资，分析了治理机制的作用。如唐雪松等（2007）发现我国上市公司企业存在过度投资现象，而发放现金股利及进行负债融资都能够有效抑制过度投资。公司治理机制中，经理人持股比能够有效降低过度投资与自由现金流之间的敏感性，但是独立董事并未发挥有效作用。

王彦超（2009）从融资约束角度研究了我国上市企业的自由现金流与过度投资的问题。结果表明，企业若受到融资约束，则过度投资的倾向并不明显，但是对于融资约束较轻的企业而言，自由现金流的过度投资现象更易发生。因此他认为融资约束可以作为治理机制，降低自由现金流引发的代理成本。

陈等（Chen et al.，2016）利用理查森（2006）的衡量方法，以我国股权分制改革前上市的企业为研究对象，考察了企业自由现金流、过度投资及公司治理的作用。结果表明，自由现金流与过度投资存在显著的正向关系。对于过度投资企业而言，国有股权更集中的企业有着更高的过度投资水平，而流通股比例的增加、监事会规模的扩大和杠杆比率的增加则可以降低企业的过度投资。

另一些学者专门针对国有企业进行研究，如罗琦等（2007）对我国上市企业内现金持有量对投资现金流敏感性的影响进行研究，结果表明中小型国有企业由于银行改革面临融资约束，持有现金与现金流形成有益互补，能够缓解融资约束，降低投资现金流敏感性。他们的研究并没有发现中央国有企业存在过度投资行为，但是大规模的地方国有企业则存在比较严重的过度投资问题。

丁等（Ding et al.，2016）发现我国上市企业存在明显的过度投资问题。自由现金流假说对非国有企业的解释度更高，对于国有企业而言，银行的监督不力更能解释过度投资行为的产生。陈等（Chen et al.，2011）从政治关联角度研究了企业的投资效率问题。他们发现，国有企业内投资与成长性之间的敏感性显著低于非国有企业,并认为这是政治关联的结果,将会降低企业投资的效率。沈等(Shen et al.,2016)发现由于政府干预和与信贷市场关联更强,国有企业的投资水平显著高于非国有企业。何和基奥(He and Kyaw,2018)也以我国国有企业为研究对象,探讨了股权结构与过度投资之间的关系。结果表明,过度投资随着国有股占比的增加而增加,但随着管理层持股比的增加而减少。

魏明海和柳建华(2007)检验了国有上市企业的现金股利与过度投资之间的关系,并对公司治理的作用进行探讨。结果表明,现金股利减少了企业的自由现金流,从而抑制了国有企业中的过度投资问题。公司治理机制中,第一大股东持股比与过度投资之间呈"倒U型"关系,其他大股东的制衡效果不显著;外部因素方面,企业的过度投资随着所在地政府的干预程度增加或执法水平的降低而增加。

还有一些学者从行为金融角度出发,认为自由现金流引起的管理者过度自信也会影响过度投资与自由现金流敏感性。例如,黄等(Huang et al.,2011)研究表明,国有企业内高管的过度自信会导致投资行为的扭曲。李云鹤(2014)的研究表明,我国上市企业内过度投资是由管理者滥用企业资源和管理者过度自行共同导致的。产品市场的竞争对由此引发的过度投资有着抑制作用。

以上对我国上市企业的研究都表明,我国上市企业内投资与现金流敏感性较强,但造成的原因并不单一。对于自由现金流充沛的企业而言,代理成本更能解释两者之间敏感性的来源。

数据表明,能源企业拥有更为丰富的自由现金流,因此针对能源企业进行特定的过度投资与自由现金流敏感性的研究确有必要。莫恩和米桑德(Mohn and Misund,2007)以20世纪90年代末产业结构调整为背景,以1992~2005年253家不同国家的石油和天然气企业为样本,对投资—现金流关系和投资—不确定性关系进行研究。结果表明,这些企业的投资行为在90年代末期显著变得更加灵活,1998年之后石油价格和现金流的增加对企业投资的影响远小于1998年以前。他们还发现,90年代初投资与不确定性之间为负相关,但之后油价波动的增加实际上刺激了企业投资的增加,这与以往利用全行业研究显著不同。他们的结论印证了能源企业与其他企业有显著不同,单独对能源企业进行研究确有必要性。

张等(Zhang et al.,2016a)研究了中国能源上市企业的自由现金流与投资问题。他们使用估计所得的基准 Q 代替托宾 Q 来衡量投资机会,并将代理问题纳入讨论范围。结果表明,能源企业存在过度投资现象,自由现金流的增加将促进过度投资,企业规模和国有股占比的增加均能缓解过度投资,而经理持股比例的增加将加剧过度投资。

张等(Zhang et al.,2016b)还针对性地研究了我国蓬勃增长的新能源投资是否能够真正地增加企业价值。结果表明,我国新能源上市企业的投资有着强劲的增长势头,但同时也存在投资不合理的现象,尤其是生物质能和风能企业。

第四节 本 章 小 结

由以上对文献的梳理可以看出,莫迪格利安尼和米勒(1958)及米勒和莫迪格利安尼(1961)的一系列"不相关理论"是企业融资、股利分配和投资决策方面研究的理论基础,随后在放宽其假设的情况下衍生出不同的理论和研究问题。企业融资、股利分配和投资问题既是企业实际经营中的重要决策,也是公司金融中的重要研究内容。由于经理人与股东之间存在代理成本,决策的制定可能并不以企业价值或股东利益最大化为目标,好的公司治理可以有效缓解企业的代理成本,因此公司治理与企业融资、股利分配和投资决策之间的关系成为以往文献的研究重点。

融资决策方面,以往文献对杠杆率水平值的决定因素进行了大量探讨(Leary and Roberts,2005;Öztekin,2015)。但再融资成本的变动使得企业面临杠杆率的调整,一些学者对资本结构动态调整的速度(Fama and French,2002)、影响因素(Faulkender et al.,2012;Drobetz et al.,2015)也都进行了研究。莫雷克等(2012)结合代理成本和动态权衡理论,对企业资本结构动态调整及公司治理的作用进行了研究,为本书的研究提供了思路。但是莫雷克等(2012)的研究更侧重于企业向上调整,即负债增加的情况。负债的增加可以为企业带来一定的约束作用,从而减少经理人代理成本。然而对于我国能源企业而言,本身负债水平就已很高。与以往研究不同,本书在进行实证研究时更侧重查看公司治理机制对负债减少的作用，实证结果也表明，公司治理机制对于向下调整比向上调整更有效。

股利分配方面，以往文献探讨了股利发放水平及其对代理成本的作用（La Porta et al.，2000；Fama and French，2002；Denis and Osobov，2008）。除此之外，以林特纳（1956）的局部调整模型为开端，大量文献还对股利发放的平稳性进行了探讨，并认为平稳的股利有益于成熟型、自由现金流充沛的上市企业，能源企业就属于该类型企业。平稳的股利发放可以稳定地消耗企业内部自由现金流，好的公司治理也可以使企业缓解由于自由现金流带来的代理问题，因此研究能源企业内，公司治理对平稳的现金股利发放起着促进还是替代作用，对于能源企业在进行现金股利发放决策时显得尤为重要。

投资决策方面，投资与现金流之间的敏感性是以往文献的重点关注方面。大量文献从融资约束（Myers and Majluf，1984）和代理成本（Jensen，1986）两个角度解释为什么企业的投资与现金流之间存在敏感性。其中詹森（1986）的自由现金流假说解释了自由现金流引发的过度投资问题。我国能源企业内既累积了大量的自由现金流，又有着大量的投资支出（Tan，2013；Zhang et al.，2016a），这使得我们不得不思考丰富的自由现金流是否激发了企业的过度投资？公司治理对于缓解由自由现金流引发的代理成本又有着什么样的作用？因此本书基于以往文献，对公司治理如何影响我国能源上市企业的过度投资和自由现金流进行探讨。

最后，能源企业有着更高的杠杆率和丰富的自由现金流，使其与其他行业具有显著不同，传统以全行业为样本的公司金融研究并不见得能够普遍适用（Mohn and Misund，2007）。而以往能源企业研究中遇到最大的障碍就是样本量小。国内单独对能源企业进行研究的文献中，样本企业最少的只有十几个，多的不过几十个（韩建丽和张瑞稳，2009），这对于微观金融研究而言有些捉襟见肘。本书在数据方面做出了极大的努力，由于高管薪酬数据自2005年以后才有有效记录，所以本书样本期自2005年开始，即2005~2016年，样本跨度12年，样本数为1300余个，涵盖了120余家能源上市企业，相比较以往文献有很大改观。同时以上使用能源企业为样本的研究多以统计描述为主，对模型定量分析的研究较少，即使使用定性研究也往往较为粗糙，本书在此方面均进行了改善，使用合理的模型对可能产生的内生性问题进行修正。

第三章
能源上市企业的特征描述

国内一些学者对能源与非能源企业进行了横向对比，并指出能源企业的显著不同。例如，朱学义和黄元元（2005）详细介绍了我国能源与非能源上市企业的财务状况。对比显示，能源上市企业具有较强的短期和长期偿债能力、较好的盈利能力、良好的股市收益，但是资金营运能力不佳，资金的流动周转时间更慢。白净和王冬梅（2009）详细描述了我国能源企业的营运资本管理。他们发现能源企业流动资产更少、流动负债水平较低但呈增加趋势。

为此，本章数据来自CSMAR数据库，该数据库是国泰安开发的我国第一个经济金融性数据库，在金融经济研究领域被广泛应用。本章利用CSMAR数据库所收集的企业每年财务报表数据，筛选出与企业融资决策、股利分配和投资决策相关的财务指标，并依据中国证券监督管理委员会（以下简称"证监会"）颁布的《上市公司行业分类指引》（2012年修订）将上市公司（除金融类行业外）分为能源企业和非能源企业，对比查看能源企业特征。对比时本章将暂停上市、终止上市的企业剔除，并剔除ST股[①]和尚未完成股改的S股。所有变量都进行上下1% 缩尾（winsorize）处理，以防止可能的极端值影响。

第一节 我国能源上市企业划分及数目

截至2016年底，我国上海证券交易所、深圳证券交易所A股市场共有2 969家正常交易的上市企业，根据证监会的行业划分，这2 969家上市企业被划分隶属于78个不同行业。根据我国2007年10月28日修订通过并于2008年4月1日实施的《中华人民共和国节约能源法》，能源被定义为"煤炭、石油、天然气、生物质能和电力、热力以及其他直接或者通过加工、转换而取得有用能的各种资源"。《中国能源统计年鉴》中将能源工业定义为"煤炭采选业""石油和天然气开采业""电力、蒸汽、热水生产和供应业""石油加工及炼焦业""煤气

[①] 意指将对财务状况或其他状况出现异常的上市公司股票交易进行特别处理（special treatment），简称"ST股"。

生产和供应业"。① 据此我们选取行业代码为 B06（煤炭开采和洗选业）、B07（石油和天然气开采业）、C25（石油加工、炼焦及核燃料加工业）、C42（废弃资源综合利用业②）、D44（电力、热力生产和供应业）及 D45（燃气生产和供应业）的企业为能源企业。具体的能源行业划分及各行业企业数见表 3-1，全体行业划分可见附表 1。

表 3-1　　截至 2016 年底能源上市公司行业分类及企业数

行业名称	行业代码	企业个数（家）
煤炭开采和洗选业	B06	22
石油和天然气开采业	B07	5
石油加工、炼焦及核燃料加工业	C25	15
废弃资源综合利用业	C42	5
电力、热力生产和供应业	D44	67
燃气生产和供应业	D45	20
总计		134

因此，本章后续能源企业即指隶属于表 3-1 中行业的企业，非能源企业的划分除了不包含隶属于表 3-1 中行业的企业外，金融行业（行业代码以 J 开头）也一并剔除。这是因为金融行业资产负债表与一般企业相反，以往研究均作剔除处理。

第二节　融资决策相关对比

马晓微和魏一鸣（2009）指出，资本市场的发展看似拓宽了能源企业的融资渠道，但由于我国资本市场发展仍不完善，能源企业进行股权融资的成本较

---

① 可查看任一年《中国能源统计年鉴》中所列名目。
② 废弃资源综合利用业经作者查看为经营节能、资源循环类企业，故一并算作能源类企业。

高，自有资金和银行贷款仍占企业融资结构的较大比例，资本结构不合理。李世君（2017）也指出能源投资的特点之一就是回收周期长，所以最初的资金来源多为银行贷款和自有资金，银行贷款占比一度高达70%，使得能源企业面临巨大的还款压力。

因此本章以资本结构的衡量为出发点，对融资决策相关财务指标进行筛选。以往学术研究通常使用资产负债比，即负债总额÷资产总额，或产权比率，即负债总额÷所有者权益总额，来表示资本结构。负债、资产等又可进一步细分，据此我们列出有关财务指标以作对比，各指标的构造方式见附表2，对比结果见表3-2。

由表3-2对比可知，能源企业与非能源企业在资本构成方面有着显著的不同。一般文献中用于表现资本结构的资产负债率和产权比率方面，能源企业的平均水平分别为57.20%和176.60%，而非能源企业的平均水平只有44.80%和116.40%，能源企业显著高于非能源企业；相应地，能源企业平均每股负债6.265元，比非能源企业的平均负债水平为4.393元。以上对比反映出能源企业内资本结构中负债占比较大。

与期限相关的资本结构指标中，能源企业长期借款占总资产的比值均值为14.80%，长期负债与权益之比为66.50%，长期资本负债率为31.70%，非能源企业相对应指标都只有三分之一左右的水平，分别是4.30%、20.30%和12.80%。此外，能源企业的有形资产负债率（61.10%）也显著高于非能源企业（48.50%）。通过这些对比可以发现，能源企业内长期负债、长期资本和有形资产的比重显著更大，这与能源企业项目回收周期长、设备投入大等特征相符合。

当查看企业融资收到的现金绝对数时，能源企业在发债和借款项目分别筹到的资金平均为3.5亿元和48.3亿元，都显著高于非能源企业的1.43亿元和16.9亿元，反映出能源企业不仅负债比更高，负债的绝对数也更高，因此还本付息压力也更大，这可以从能源企业偿债金额（43.5亿元）也显著高于非能源企业（15.4亿元）看出。

根据上述对比，可以发现能源企业的杠杆率水平显著更高，为此本章将能源企业与非能源企业的杠杆率每年趋势及分布进行对比，结果见图3-1和图3-2。

表 3-2　能源企业与非能源企业资本结构数据对比

变量名	非能源企业 样本	非能源企业 均值	非能源企业 标准差	能源企业 样本	能源企业 均值	能源企业 标准差	t 统计量	差异方向
资产负债率（%）	22 713	44.80	22.70	1 431	57.20	19.50	20.1997***	+
产权比率（%）	22 712	116.40	140.00	1 431	176.60	163.80	15.6072***	+
每股负债（元）	22 716	4.3930	4.9770	1 431	6.2650	5.2540	13.7539***	+
长期借款与总资产比	22 713	4.30	7.54	1 431	14.80	13.70	47.9314***	+
长期负债权益比率（%）	22 712	20.30	35.90	1 431	66.50	69.50	43.7878***	+
长期资本负债率（%）	22 712	12.80	16.10	1 431	31.70	22.20	41.9656***	+
有形资产负债率（%）	22 713	48.50	25.90	1 431	61.10	22.80	17.9696***	+
发行债券收到的现金（亿元）	16 368	1.4300	6.7000	989	3.5000	11.4000	8.9641***	+
取得借款收到的现金（亿元）	21 992	16.9000	45.3000	1 409	48.3000	90.6000	23.2148***	+
偿还债务支付的现金（亿元）	22 159	15.4000	41.9000	1 425	43.5000	83.6000	22.5904***	+

注：上述变量及指标来自 CSMAR 数据库中财务报表及财务指标相关数据，非比值类指标计价单位为人民币。t 统计量指能源企业与非能源企业均值 t 检验结果。***、**、* 分别表示在 1%、5%、10% 水平上显著。差异方向指能源企业相对于非能源企业，如某变量能源企业均值更高，则为"+"，否则为"-"。

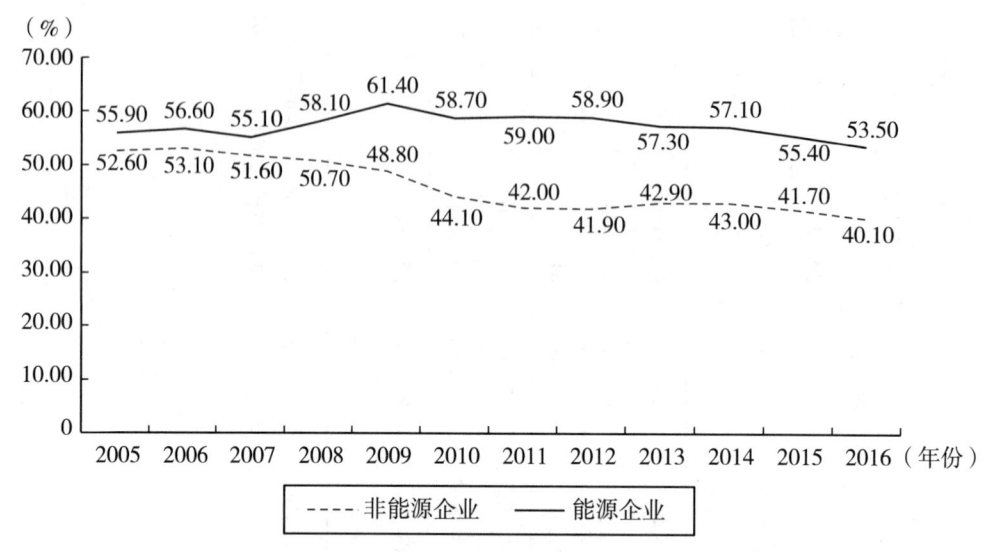

图 3-1　2005~2016 年能源企业与非能源企业杠杆率变化对比

资料来源：CSMAR 数据库中财务报表数据，图中数据为笔者根据原始数据计算所得。

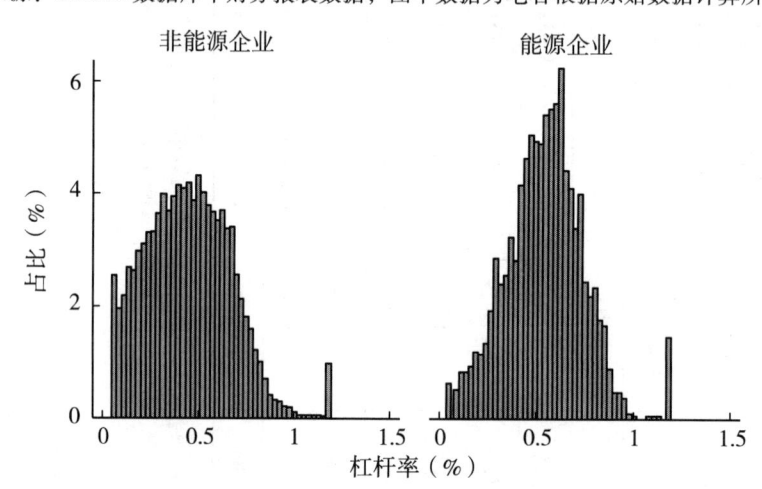

图 3-2　2005~2016 年能源企业与非能源企业杠杆率分布

注：杠杆率 = 负债总计 ÷ 资产总计，已上下 1% winsorize 处理。

资料来源：CSMAR 数据库中财务报表数据，图中数据为笔者根据原始数据计算所得。

图 3-1 对比了能源企业与非能源企业样本期内每年平均杠杆率的变化，可以看出，自 2008 年金融危机后能源企业和非能源企业走势区别明显，能源企业的杠杆率始终居高不下，非能源企业则有持续下调杠杆率的趋势。具体查看能源企业平均杠杆率，可以看出始终处于 50% 之上的水平，2009 年平均杠杆率水平达到顶峰，为 61.40%，一半以上的资产都来自负债，还款压力明显大于非能源企业。

图 3-2 展示了能源企业与非能源企业杠杆率的分布,从分布形态看,能源企业杠杆率明显右偏,且呈现出尖峰的样式,表明能源企业的杠杆率集中在 50% 以上的水平,非能源企业则分布较为均匀,主要集中于 50% 及以下水平。

以上对比都反映出我国能源企业普遍具有高负债的特征,负债能够对企业经理人造成一定的约束,从而改善代理问题,但是过高的负债会使企业的还款压力巨大,造成资本结构的不合理,从而影响企业的经营。上述发现为本书研究能源企业内公司治理与资本结构动态调整提供了动机。

第三节 股利分配相关对比

股利是企业股东以其出资额为标准从企业税后利润中分得的收益。股利收入可以作为股东的货币收入增加其财富,也可以使用股利进行再投资。股利再投资对于投资者而言在市场不景气时可以充当"熊市保护伞",在市场表现良好时可以作为"收益加速器"(Siegel,2005;李常青等,2010)。我国证监会自 2001 年起先后出台了若干项关于现金股利的政策规定,被称为"半强制分红政策",从政策面反映出现金股利的重要性,详细总结可见李常青等(2010)及陈名芹(2016)的研究。这些规定要求上市公司明确承诺和达到一定的现金股利发放水平才能进行再融资活动。但事实上我国仍然有相当一部分"铁公鸡"上市企业,他们采取少分配甚至不分配的股利策略(Wei et al.,2004),即使有诸如"半强制分红政策"的约束,一些没有迫切再融资需求的企业依然选择不进行任何形式的分红(李常青等,2010),而有再融资需求的企业则可能根据再融资方案进行突击"分红",且只愿意满足规定的最低要求(余琰和王春飞,2014)。

针对股利分配相关数据,本节采用红利分配原始数据对现金股利的发放按照年度进行加总,并结合财务报表数据计算相关比率和变化率,各指标的构造方式见附表 3,对比结果见表 3-3。

表 3-3 能源企业与非能源企业股利分配数据对比

变量名	非能源企业 样本	非能源企业 均值	非能源企业 标准差	能源企业 样本	能源企业 均值	能源企业 标准差	t 统计量	差异方向
税前每股现金股利（元）	21 414	0.1010	0.1450	1 390	0.0997	0.1470	-0.3236	-
税后每股现金股利（元）	21 414	0.0926	0.1330	1 390	0.0900	0.1330	-0.7063	-
每股收益（元）	21 414	0.3340	0.4730	1 390	0.3030	0.5200	-2.3529**	-
股利分配率（%）	21 414	30.50	52.70	1 390	28.70	53.50	-1.2328	-
税前派息数（亿元）	21 414	0.6740	1.8600	1 390	1.9300	3.9700	22.1184***	+

注：上述数据及指标均采用 CSMAR 数据库中红利分配原始文件及财务报表原始文件根据定义进行计算所得，现金股利缺失值均以 0 值替代，非比值类指标计价单位为人民币。t 统计量指能源企业与非能源企业均值 t 检验结果，***、**、* 分别表示在 1%、5%、10% 的水平上显著。差异方向指能源企业相对于非能源企业而言，如果变量指能源企业均值比非能源企业均值更高，则为"+"，否则为"-"。

股利分配方面，由表 3-3 可知，能源企业税前每股现金股利为 0.0997 元，说明平均派现方式为每 10 股派现将近 1 元，略低于非能源企业的平均水平 0.1010，但统计上差异并不显著。值得注意的是，此处进行对比时，本章对没有进行股利分配的企业当年股利发放采取 0 值代替。每股收益是企业进行分红的基准，对比每股收益可以看出，能源企业平均每股收益 0.3030 元，也低于非能源企业的平均水平 0.3340 元，并在 5% 的显著性水平上显著。股利分配率是税前每股派现与每股收益的比值，能源企业与非能源企业平均水平分别为 28.70% 和 30.50%，能源企业分配率略低。当查看派现的绝对水平时，能源企业税前派息数平均为 1.93 亿元，显著高于非能源企业平均水平，数值上高了将近两倍（0.674 亿元），这也可以从侧面反映出能源企业内现金流可能更充沛。总的来说，能源企业的收益显著较低，每股派现方面的确水平较低，但差别并不大。这可能是由于我国对于现金股利发放有"半强制分红"的政策，因此不同行业之间对比每股派现时相差并不显著。

本节下一步具体查看我国能源上市企业的股利发放特征。利用 CSMAR 数据库中股利分配数据，单独描绘能源上市企业 2005~2016 年股利分配的情况及动态变化趋势，详细信息总结于表 3-4 和图 3-3。

从表 3-4 和图 3-3 可以看出，2005~2016 年，能源上市企业数量较为稳定，截至 2016 年底共有 132 家能源上市企业。其中现金股利为最主要的股利发放形式，每年进行派现的企业占比始终最多，比例均在 50% 以上。2008 年金融危机时期能源上市企业进行派现的比例略有降低，随后 2010~2014 年派现企业占比逐年增加并在 2014 年达到最高值，随后比例明显下降。本章此处计算现金股利时没有对缺失值以 0 值替代，因此均值是根据样本期内进行发放的能源企业计算，可得到，每股现金股利均值为 0.1735，意味着对发放现金股利的能源上市企业而言，每年分红平均为每 10 股派 1.735 元现金。

进行转增或送股的企业比例则相对保持较低水平，其中转增和送股企业数（及比例）在金融危机爆发后的 2009 年有显著的降低。进行转增的企业数（及比例）随后逐渐提高比例并保持在一定水平，但 2015 年以来也有较为明显的下降趋势。送股企业数（及比例）则在 2010 年和 2011 年有所反弹随后仍然处于较低水平。转增和送股比样本期均值为 0.6015 和 0.3034，表明平均而言，能源上市企业每 10 股转增 6 股或每 10 股送 3 股。

表 3-4 2005~2016 年能源上市企业股利分配情况一览

年份	总企业数（家）	派现企业数（家）	占比（%）	每股现金股利（元）	转增企业数（家）	占比（%）	转增比	送股企业数（家）	占比（%）	送股比	未分配企业数（家）	占比（%）
2005	100	64	64.00	0.1814	11	11.00	0.4538	6	6.00	0.1917	35	35.00
2006	101	52	51.49	0.1911	22	21.78	0.4751	3	2.97	0.2000	37	36.63
2007	105	59	56.19	0.1735	14	13.33	0.5440	5	4.76	0.1400	37	35.24
2008	110	59	53.64	0.1775	18	16.36	0.4500	14	12.73	0.3179	44	40.00
2009	111	58	52.25	0.1970	6	5.41	0.4500	4	3.60	0.2000	52	46.85
2010	115	60	52.17	0.1861	9	7.83	0.4111	12	10.43	0.4275	51	44.35
2011	119	70	58.82	0.2101	15	12.61	0.6569	12	10.08	0.4118	47	39.50
2012	123	71	57.72	0.1862	12	9.76	0.6250	2	1.63	0.3500	50	40.65
2013	124	82	66.13	0.1589	16	12.90	0.5563	6	4.84	0.4000	40	32.26
2014	126	87	69.05	0.1443	17	13.49	0.7176	3	2.38	0.3667	37	29.37
2015	130	84	64.62	0.1360	14	10.77	0.8286	7	5.38	0.5357	45	34.62
2016	132	77	58.33	0.1392	9	6.82	1.0500	1	0.76	0.1000	52	39.39
均值			58.70	0.1735		11.84	0.6015		5.46	0.3034		37.82
标准差			0.0599	0.0238		0.0442	0.1895		0.0377	0.1344		0.0496

资料来源：CSMAR 数据库中红利分配原始文件，表中数据为笔者根据原始数据计算所得。派现企业数（占比），转增企业数（占比），送股企业数（占比）及未分配企业数（占比）之和大于当年上市企业数（100%）是因为有些企业采取多种股利分配策略，如新集能源 2013 年的分配方式为"10 转增 2 送 2 股派 1 元（含税）"。

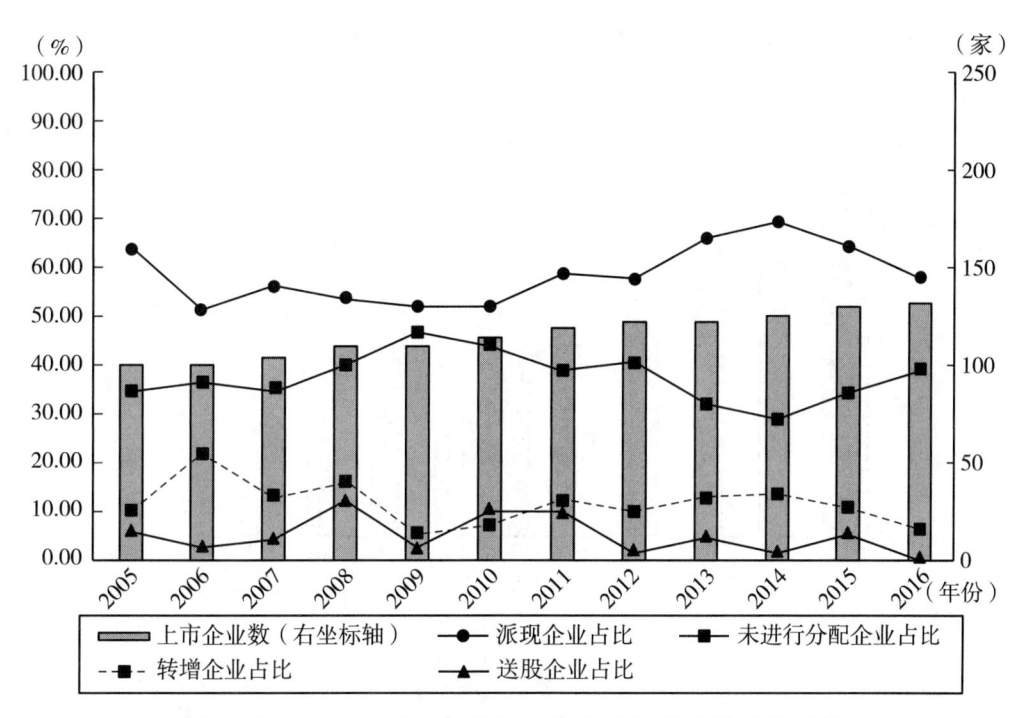

图 3-3　2005~2016 年能源上市企业股利分配动态趋势

资料来源：CSMAR 数据库中红利分配原始文件，图中数据为笔者根据原始数据计算所得。

未进行任何形式股利分配的企业比例自 2005 年开始上升，并在金融危机后的 2009 年达到最高值，随后走势与派现企业比例相反，逐渐降低至 2014 年达到最低值，但根据表 3-4 中相关数据显示，该年仍有将近 30% 的企业未进行任何形式的股利发放，2015 年和 2016 年该比例又呈现逐渐上升的趋势。

进一步地，本节统计了能源上市企业现金股利连续发放的情况，并按照连续发放年份总结于图 3-4（a）。同时，还计算能源上市企业每年平均每股现金股利和每股收益走势，总结于图 3-4（b）。

根据统计，2005~2016 年共计 132 家能源上市企业，其中 121 家企业曾进行过现金分红，占比 91.67%。由图 3-4（a）可知，这 12 年间连续 2 年均发放现金股利的企业有 103 家，占比 78.03%，随后企业数和占比随着连续发放的年份增加迅速减少；当计算连续发放 6 年（样本期间一半）的企业数时，为 57 家，已不足样本企业数的一半。样本期内每年都进行现金分红的企业仅有 19 家，占比约为 14.39%。由图 3-4（b）可以看出，能源上市企业的现金分红水平相对每股收益波动较小，但是两者之间并没有表现出明显的协同性，每股现金股

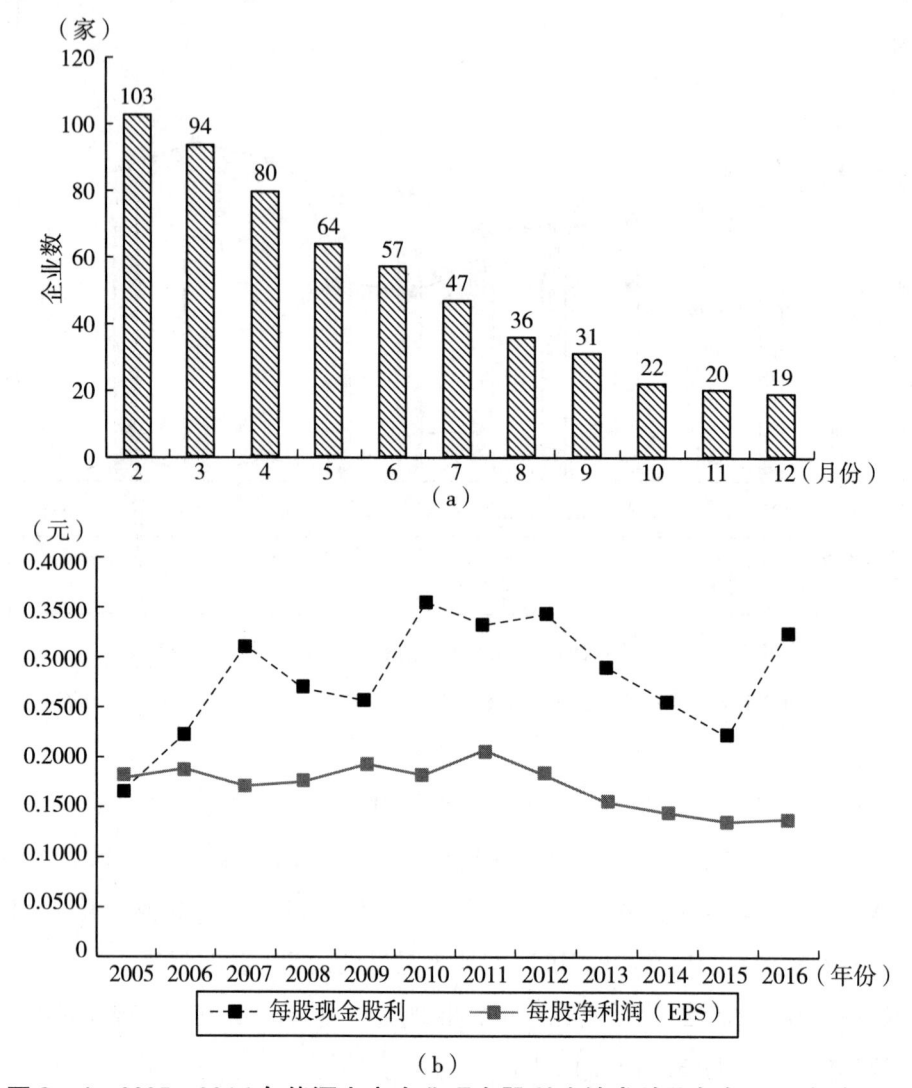

利自 2010 年起呈现持续下滑趋势。

图 3-4　2005~2016 年能源上市企业现金股利连续发放及每年平均发放水平

资料来源：CSMAR 数据库中红利分配原始文件，图中数据为笔者根据原始数据计算所得。除图中所列数据外，从未进行现金分红的企业有 11 家，只进行过一次现金分红的企业有 18 家，分别占比 8.33% 和 13.64%。

以上统计数据表明现金分红是能源上市公司进行股利发放的主要方式，即使面对金融危机这样大的外部冲击也并未对其造成显著影响。但值得注意的是，现金股利的发放水平并不高，计算发放现金股利的企业的均值可知，平均每 10 股派现 1.735 元，进行派现的企业比例最多时有 69.05%，最少时只有 51.49%，仍有相当一部分企业不重视股利发放，根据表3-4所示，样本期内最多时有将近一半（46.85%）的企业未进行任何形式的股利发放。若只考察是否发放现金股利，有91.67%的能源上市企业满足要求，但是若进一步查看现金分红的连续性和稳定性，能源上市企业有相当一部分企业并没有采取连续稳定的发放方式，根据图3-4，一半以上的企业连续发放年份不足6年。

不合理的股利分配会使股利政策丧失其信息传递作用，无法有效反映企业盈余信息。若股利政策不以企业价值最大化为目的，公司股东的利益将被侵蚀，如过多使用送股分红的方式扩充股本会使原有股东的权益被稀释。能源这类成熟型且拥有充沛自由现金流的企业宜采取稳定的股利政策，这是因为首先稳定的股利政策有利于投资者形成稳定的预期（Allen and Michaely，2003；朱德胜，2009），其次稳定的现金股利能够消耗自由现金流，从而在某种程度上减轻由此引发的代理成本（Leary and Michaely，2011）。由此可见，能源企业内公司治理如何影响现金股利发放的平稳性，将会影响企业的股利分配决策，为本书研究能源企业现金股利发放的稳定性及公司治理在其中的作用提供了动机。

第四节　投资决策相关对比

企业的投资活动与其内部留存的自由现金流密不可分，因此本节结合自由现金流指标和投资活动挑选出与投资相关的财务指标，各指标的构造方式可见附表4，对比结果见表3-5。

由表3-5中对比可知，能源企业自由现金流的平均水平为3.98亿元，而非能源企业平均自由现金流为负值，差距明显，这印证了能源企业的确是自由现金流充沛的企业。进而再对比现金再投资比率，可以看到能源企业平均水平为16.60%，也显著高于非能源企业的10.10%。当查看投资收益率时可以看到能源企业的平均水平为6.78%，显著低于非能源企业的平均水平9.46%。以上各项对比反映出能源企业的确拥有丰富的自由现金流，经营得到的现金用于投资的比例也更高，但是投资收益率反而更低。

表 3-5 能源企业与非能源企业自由现金流与投资数据对比

变量名	非能源企业			能源企业			t统计量	差异方向
	样本	均值	标准差	样本	均值	标准差		
企业自由现金流（亿元）	20 804	-0.0852	10.4000	1 385	3.9800	18.3000	13.2461***	+
现金再投资比率（%）	22 532	10.10	27.50	1 419	16.60	24.20	8.6942***	+
投资收益率（%）	20 727	9.46	35.10	1 385	6.78	22.30	-2.8039***	-
长期股权投资净额（亿元）	21 477	2.5700	8.4100	1 385	11.2000	20.8000	32.3421***	+
长期债权投资净额（万元）	9 841	6.9368	62.7464	541	18.2334	101.1000	3.9176***	+

资料来源：CSMAR 数据库中财务报表相关数据，表中数据为笔者根据原始数据计算所得，表中各指标统计价单位为人民币；t 统计量指能源与非能源企业均值 t 检验结果，***、**、* 分别表示在 1%、5%、10% 水平上显著；差异方向指能源企业相对于非能源企业而言，例如某变量能源企业均值更高，则为 "+"，否则为 "-"；本期变动额由本期期末值 - 上年末值计算所得。

当查看各项具体投资净额时，能源企业长期股权投资净额平均为 11.2 亿元，长期债权投资净额平均约为 18.2334 亿元，都显著高于非能源企业的 2.57 亿元和 6.9368 亿元，尤其是股权投资净额方面相差将近 5 倍，反映出能源企业高额的投资净额。

詹森（1986）在论述自由现金流假说时，能源企业内部代理问题的特殊性就已有所体现。他指出，石油价格自 1973 年开始大幅增长，石油公司内部出现大量自由现金流。公司的管理层未能够按照股东利益最大化原则分配这些资源，反而投资于低效甚至无效的项目上。李世君（2017）也指出能源企业的投资并没有相匹配的监管体系，投资者无法得知投入资金的使用途径，因此存在滥用、挪用融资资金的情况，为企业发展带来了潜在风险。我国能源上市企业相对非能源企业也拥有明显更多的自由现金流。为此，本节将能源企业与非能源企业的自由现金变化趋势对比如图 3 - 5 所示。

图 3 - 5 展示了非能源企业与能源企业自由现金流变化趋势的不同。能源企业内自由现金流数量更多且呈持续增长趋势。2008 年金融危机时期国际原油价格在短时间内跌幅逾 70%，能源企业的自由现金流也随之有明显下降，甚至下降到负值，但是随后快速调整反弹并一路上涨。截至 2016 年底，能源企业平均拥有的自由现金流约为 7.49 亿元人民币，数额巨大。而非能源企业的自由现金流平均水平一直都不高，2005～2016 年曾有 7 年平均水平为负值。

詹森（1986）的自由现金流假说认为企业内部积累的自由现金流会引发代理问题，使经理人倾向于过度投资。能源企业积累了如此多的自由现金流，那么它们的投资情况如何呢？根据《2016 年度中国对外直接投资统计公报》[①] 数据显示，截至 2016 年底，我国对外直接投资（FDI）累计净额（即存量）共计 13 573.9 亿美元，其中采矿业存量规模为 1 523.7 亿美元，占总存量的 11.2%，位列第四，采矿业中包括石油和天然气开采及煤炭开采[②]；电力、热力、燃气及水的生产和供应业存量规模为 228.2 亿美元，占比 1.7%[③]。此外，我国 2013 年开始发起的"一带一路"这一国家级顶层合作倡议中，能源更是作为"领头羊"，首先展开对外直接投资。2013 年 10 月至 2016 年 6 月，我国能源企业在海

---

① 商务部、国家统计局、国家外汇管理局：《2016 年度中国对外直接投资统计公报》，2017 年 9 月，http：//hzs.mofcom.gov.cn/article/date/201709/20170902653729.shtml。
② 有色金属矿采选和黑色金属矿采选也包含在采矿业中，但缺乏更细分的数据。
③ 《2016 年度中国对外直接投资统计公报》显示该项目下主要为电力、热力生产和工业的投资。

外所投资建设的重大能源项目已有 40 个，覆盖了 19 个"一带一路"沿线国家[①]。2017 年中石油和中国华信能源有限公司先后斥资 18 亿及 91 亿美元收购海外石油公司股权。[②]

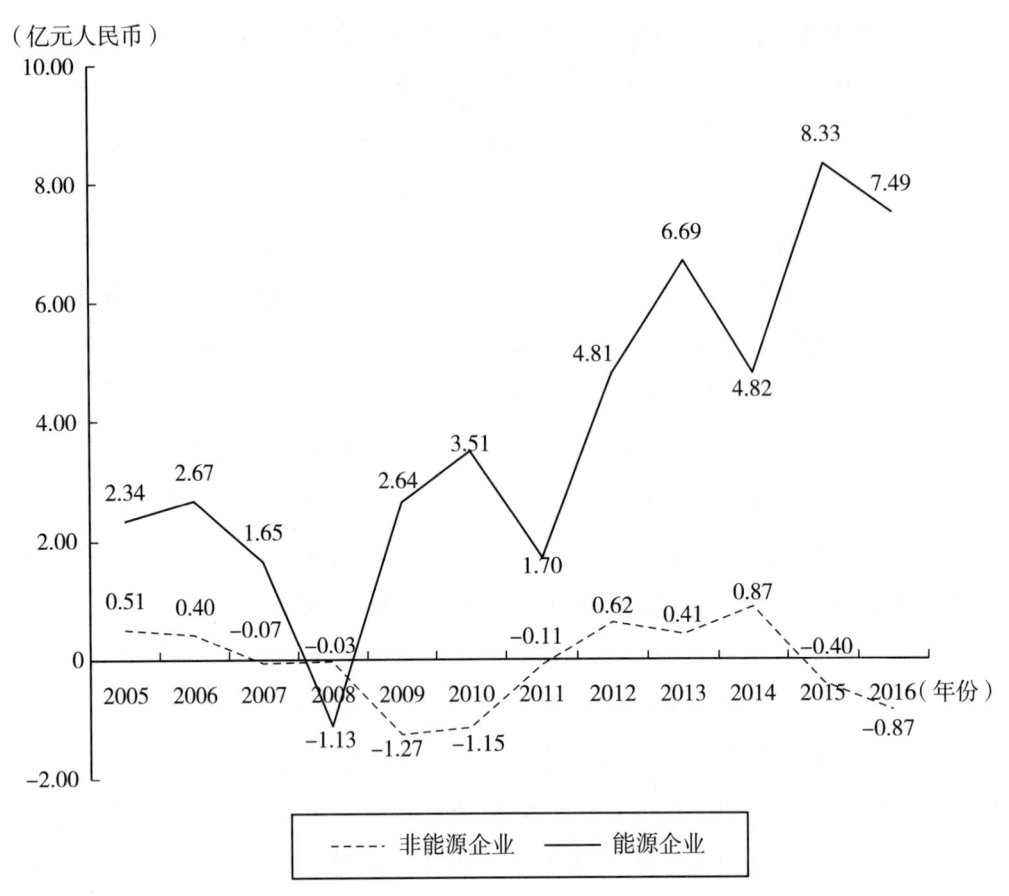

图 3-5　能源企业与非能源企业自由现金流对比

资料来源：CSMAR 数据库，图中数据为笔者根据原始数据计算所得。自由现金流的计算方式为：（净利润+利息费用+非现金支出）-营运资本追加-资本性支出。

以上数据都反映出我国能源企业自由现金流丰富且投资支出巨大。这些现象不禁让人思考我国能源企业的投资行为是否合理？是否真的能够使企业价值

---

① 宋歆：《"一带一路"3 年我国在海外建设重大能源项目 40 个》，载于《解放军报》，2016 年 10 月 26 日第 4 版。
② 《中石油 18 亿美元收购阿联酋最大原油开采项目》，经济观察网，http：//www.eeo.com.cn/2017/0223/298665.shtml。

最大化？自由现金流是否引发了能源企业内严重的代理问题？公司治理又在其中起到什么样的作用？这为本书研究公司治理对过度投资与自由现金流敏感性的影响提供了动机。

第五节 公司治理相关对比

本书旨在研究能源企业中公司治理对各项决策的影响，因此本节将能源企业与非能源企业公司治理相关变量进行对比，各指标的构造方式可见后续实证部分（见表4-1、表5-1及表6-1），对比结果见表3-6。

由表3-6的对比可知，能源企业与非能源企业在公司治理相关变量的表现方面有着显著不同。其中，我国能源上市公司中董事长与总经理为同一人的企业占比为8.66%，非能源企业为21.84%，表明能源上市企业实现了更好的权责分离制度。由于董事会成员人数和独立董事构成需严格满足国家最低规定，因此该方面的差异较小，能源上市公司董事会构成人数平均为10人，稍高于非能源行业的9人；其中能源企业中独立董事占比平均为35.78%，略少于非能源企业的36.83%。就董事会持股比而言，能源企业平均只有0.85%，显著低于非能源企业的9.68%，这反映出能源企业对董事会成员的股权激励政策实施较少。高管薪酬变量由董事、监事及高管前三名薪酬总额定义，查看其水平值可知，能源企业平均值为1 370 396元，即领取薪酬前三位的高管的平均年薪为45.68万元人民币，非能源企业平均值较高，为1 730 297元，即领取薪酬前三位的高管的平均年薪为57.68万元人民币。股权结构方面，能源企业国有股占比平均为20.17%，机构持股比例平均为6.80%，前者明显高于非能源企业的平均水平9.74%，后者显著低于全行业的平均值11.14%，说明能源行业的确更多地为国家主导，国有股在股权结构方面可能更有影响力。

表3-6 能源企业与非能源企业公司治理数据对比

变量名	非能源企业 样本	非能源企业 均值	非能源企业 标准差	能源企业 样本	能源企业 均值	能源企业 标准差	t统计量	差异方向
董事长与总经理兼任（%）	20 462	21.84	41.31	1 362	8.66	28.14	-11.5885***	-
董事会规模（人）	20 348	8.8657	1.7634	1 348	10.1254	2.4036	24.7476***	+
董事会独立性	20 348	36.83	5.38	1 347	35.78	4.94	-6.9721***	-
董事会持股比（%）	19 566	9.68	17.82	1 254	0.85	4.99	-17.5034***	-
高管薪酬（元）	20 407	1 730 297	1 887 807	1 352	1 370 396	9 369 325	-6.9533***	-
高管薪酬（对数值）	20 390	14.0257	0.8068	1 351	13.9148	0.7002	-4.9283***	-
国有股占比（%）	20 462	9.74	18.69	1 362	20.17	24.72	19.492***	+
机构持股比（%）	20 462	11.14	19.32	1 362	6.80	14.74	-8.1326***	-

资料来源：CSMAR数据库中治理结构数据库。表中数据为笔者根据原始数据计算所得。其中高管薪酬数据分别列出水平值及对数值，由于回归均使用高管薪酬对数值，因此后续描述统计表只列出高管薪酬对数值，不再赘述水平值。t 统计量指能源企业均值与非能源企业均值 t 检验结果，***、**、* 分别表示在 1%、5%、10% 水平上显著；差异方向指能源企业相对于非能源企业而言，如某变量能源企业均值更高，则为"+"，否则为"-"。

良好的公司治理能够显著降低企业的代理成本，从而保障企业的健康稳定发展。本节对比表明能源企业与其他企业在公司治理方面确实显著不同，那么究竟能源企业内何种公司治理因素能够更好地发挥作用？那些本应发挥积极作用的治理手段是否真的有效改善了代理成本？这些都为本书针对性研究能源上市企业提供了思路。

第六节　本 章 小 结

由上述对比可知，资本结构方面，能源上市企业整体杠杆率更高，有一半以上的资产都是源自负债，还本付息压力更大，且表现出负债期限长、有形资产占比大的特点。股利分配方面，能源上市企业每股收益显著更低，用于支付现金股利的金额显著更多，现金股利虽然为最主要的股利支付方式，但是支付水平不高，连续性差。投资方面，能源企业自由现金流远远高于非能源企业，现金再投资的比例也显著更高，然而投资收益率显著低于非能源企业，并且能源企业不论是长期股权投资还是长期债权投资平均值都远高于非能源企业。公司治理方面，能源企业与其他企业有着显著的差异，尤其在董事会持股比与国有股占比方面，能源企业内董事会平均持股比远远小于其他企业平均水平，而国有股平均占比则远超其他行业平均水平。

以上对比反映了能源企业与非能源企业在融资、股利分配和投资方面的表现具有显著不同，由此将导致企业在相关决策方面的侧重点与考虑因素的不同，对比还表明能源企业与其他企业公司治理结构也存在显著差异，那么它们的作用机制也将有所不同。这都为本书针对能源上市企业的公司治理和投融资决策研究提供了依据和动机。同时，我国当前处于经济转型和能源结构转型的关键时期，能源企业经营的好坏直接影响转型的成果和效率，针对能源企业研究公司治理与投融资决策，可以从中及时发现问题，扬长避短，使企业发展更加健康，还可以得到更适用的政策意见，使政府的引导和监管更有效率。

第四章
能源上市企业公司治理与融资决策

第一节 引 言

企业的融资方式大致分为两种：股权融资和债权融资，且各有利弊。企业的融资决策通常指企业如何分配两者之间的比例，一般使用企业资本结构，或者杠杆率，即负债与资本（或权益）的比率来衡量。股权融资的好处在于没有还本付息的压力，企业以其经营收益对投资者进行股息发放，风险较小，但是由于股息不具有税盾作用，股权融资的成本较高，因而大量的股权融资会稀释股东的控制权。运用债务进行融资的好处在于债务具有税盾作用，企业支付债务利息部分可以免于征税，同时债务融资可以消耗部分自由现金流，但债务融资的成本在于可能的破产成本以及股权人和债权人之间的代理成本。根据权衡理论，法玛和弗兰奇（2002）认为当企业杠杆率处于最优状态时，债务的边际成本应当刚好与其边际收益相等。

融资是贯穿企业整个运营周期过程的，并不是一次融资完成就可以一劳永逸。随着再融资成本的不断变化，企业不可能始终处于最优目标杠杆率水平，因此当我们研究融资决策时不应该只关注杠杆率本身，而更应关注目标杠杆率的改变及企业如何向目标杠杆率动态调整的过程（Chang and Dasgupta, 2009; Huang and Ritter, 2009）。动态权衡理论很好地解释了上述平衡调整机制。它假设企业依据债务融资的税收优势和破产成本制定目标杠杆率，该目标杠杆率即反映了企业的最佳资本结构，随后企业会对其杠杆率进行调整以达到该最佳值（Fischer et al., 1989）。

詹森和梅克林（1976）指出，由于企业控制权和经营权的分离，股东与经理人之间存在代理成本问题，并将影响最优资本结构的制定。自此，大量研究围绕代理成本与杠杆率水平值之间的关系（Lang, 1987; Leland, 1998; Chava and Purnanandam, 2010; Öztekin, 2015）展开，而对代理成本如何影响企业资本结构动态调整的讨论仍然缺乏（Morellec et al., 2012）。公司治理的目的是解决代理问题。公司治理机制中，董事会是企业制定决策的核心，股权结构则会影响公司追求价值最大化的动机。因此本章拟选择与董事会、股权结构相关的变量来衡量企业代理成本。

企业负债能够对经理人造成一定约束，从而缓解代理问题（Jensen，1986；Stulz，1990；Morellec et al.，2012），因此以往研究更看重公司治理机制如何使企业负债增加（Morellec et al.，2012）。根据第三章第二节的对比可知，我国能源企业杠杆率较高，相比较增加负债（即向上调整），能源企业应当更注重如何适当地减少负债（即向下调整）。本章立足于能源企业，更加侧重公司治理机制如何在保证企业资本结构向下调整时，不因为代理成本而偏离最优调整速度。

综上，本章结合动态权衡理论和委托代理理论，选择中国资本市场中能源上市公司为研究样本，估计出企业目标资本结构，以及向该目标值调整的速度，随后纳入公司治理变量研究公司治理对能源企业资本结构调整速度的影响，尤其针对向下调整进行深入讨论。

本章的贡献在于：第一，针对能源企业高杠杆率的特征，着重强调公司治理对杠杆率下调的作用机制，极大地丰富了公司治理与资本结构理论；第二，本章以能源企业为研究对象，从微观视角拓展了能源金融的研究范畴；第三，本章结论对于能源转型中能源企业的融资决策制定有着指导意义。

本章的结构安排如下：第二节介绍理论与提出假设；第三节解释模型的构建；第四节阐述相关数据处理和变量构造；第五节给出基准模型和拓展模型的回归结果，并对结果进行分析和探讨；第六节总结本章结论。

第二节 研究假设

一、考虑代理成本的目标杠杆率与调整速度

莫迪格利安尼和米勒（1958）的"资本结构不相关理论"是现代资本结构

研究的理论基础。他们认为，在完美市场下，企业的价值不会因为其融资方式和资本结构的变化而变化。由于该理论建立在非常严苛的假设条件上，现实市场无法得以实现，随后的资本结构理论在放宽其假设条件的情况下进行了不同方向的拓展。这些拓展的共同点在于认为资本结构与公司价值并非如莫迪格利安尼和米勒（1958）所认为的不相关，企业在融资决策的过程中实际上存在最优资本结构，该资本结构可以实现公司价值的最大化。

一些文献以目标杠杆率衡量最优资本结构，结果发现目标杠杆率依赖于债务融资的优势以及成本和企业特征变量，如企业规模、有形资产比、投资机会和盈利能力等（Booth et al., 2001；Baker and Wurgler, 2002；Flannery and Rangan, 2006；Morellec and Zhdanov, 2008）。

蒂特曼和齐普拉科夫（2007）注意到债权人与股东之间的代理冲突。他们指出债权人偏好企业价值最大化策略，而股东则偏向股权权益最大化策略，在此代理冲突的影响下，企业的目标杠杆率被下调。不过他们的研究仅在理论层面进行探讨，并未对具体公司治理渠道进行探究。莫雷克等（2012）则考虑了股东和经理人之间的代理成本，他们使用一系列公司治理变量来刻画代理冲突的程度并进行实证检验，结果表明由于股东和经理人之间代理成本的存在，企业目标杠杆率水平下降。因此我们提出以下假设：

假设4.1：代理成本与目标杠杆率负相关。

凯恩等（1984）及布伦南和施瓦兹（1984）的研究最早提出动态权衡理论的想法，他们假设企业在税务优势和破产成本两者之间进行权衡。费舍尔等（1989）在此基础上加入了交易成本因素，自此动态权衡理论正式提出，后续理论和实证的研究在此基础上展开。

针对企业资本结构动态调整的行为，一些研究也已成功地证明了企业确实根据目标杠杆率的变化而调整其杠杆率（Flannery and Rangan, 2006；Lemmon et al., 2008；Huang and Ritter, 2009；Faulkender et al., 2012），但对于调整速度及其具体决定因素还尚未有统一结论。法玛和弗兰奇（2002）及斯德布拉耶夫（2007）都发现杠杆比率拥有非常显著的惯性特征，调整速度相对缓慢，他们发现企业每年向目标杠杆率调整15%~18%，而莱蒙等（2008）则发现调整速度约为25%。弗兰纳里和兰根（2006）的研究结果则得到更高的调整速度，为35%左右。

弗兰纳里和兰根（2006）假定企业以不变的速度进行调整，然而已有研究表明企业的调整速度并非一成不变。福克恩德等（2012）的研究表明企业具有可变的调整速度，且该调整速度由企业的自身特征而不仅仅由融资偏好决定。

其他一些研究表明调整速度与公司内、外部机制均有着显著关系，如交易成本（Korajczyk and Levy，2003；Strebulaev，2007）、自由现金流（Faulkender et al.，2012）、股权融资成本（Altınkılıç and Hansen，2000；Zhou et al.，2016）及市场化和宏观经济状况等（苏冬蔚和曾海舰，2009；Cook and Tang，2010；姜付秀和黄继承，2011；Drobetz et al.，2015）。

尽管在讨论目标杠杆率和调整速度的决定因素方面有大量文献，但对代理成本如何影响企业动态调整行为的研究仍然不足，对属于资本密集型行业的能源上市公司的具体研究就更缺乏了。蒂特曼和齐普拉科夫（2007）构建连续动态模型对此进行解释，结果发现债权人和股东之间的利益冲突会影响企业向目标杠杆率的调整速度。莫雷克等（2012）将代理成本纳入动态权衡模型并发现由于代理成本会显著降低调整速度，因而他们的研究主要是针对向上调整。

近年来，一些研究强调实际杠杆率高于或低于目标杠杆率时应当分开讨论。当企业处于过度杠杆（杠杆不足）状态时，它必须向下（向上）调整以达到目标杠杆率。向上调整和向下调整在调整路径、调整成本和调整收益方面都会有所不同，因而调整速度也不尽相同（Byoun，2008；Faulkender et al.，2012）。

债务融资可以减少自由现金流和潜在的现金转移行为（Jensen，1986；Zwiebel，1996；Morellec et al.，2012），当一家企业使用债务融资来筹集部分资金时，它必须对债权人支付现金形式的利息，因此可以消耗部分自由现金流，避免经理人使用这部分资金来满足自己的需求。此外，债务的增加会加大企业的破产概率，从而导致经理人受到更多限制。因此，由于上述两种股东和经理人之间的代理成本，企业经理人倾向于更低的杠杆率水平，具体表现为经理人不愿意提高企业的杠杆率，但是却很愿意向下调整杠杆率，从而造成企业资本结构调整的速度被扭曲。当企业杠杆率高于目标杠杆率时，其向下调整的速度会高于最优调整速度；当企业杠杆率低于目标值时，其向上调整的速度将低于最优调整速度。

由于我国能源企业的杠杆率已经处于较高水平，经理人进一步增加负债调高杠杆率的动机会被抑制,而减少负债,即向下调整,在一定程度上符合股东需求,尤其对于企业经理人,能够使其少受债务融资的约束,据此我们提出以下假设:

假设4.2:由于债务对经理人的约束,企业资本结构向上调整的速度低于向下调整的速度。

二、董事会机制与动态资本结构调整

本章用来刻画董事会机制的第一个变量是董事长与总经理兼任情况。根据伯利和米恩斯(Berle and Means,1932),现代企业制度建立在所有权和经营管理权分离的基础之上。施莱弗和维什尼(Shleifer and Vishny,1989)指出,如果董事长同时也是公司的经理人(或首席执行官,CEO),那么就可能造成管理防御(managerial entrenchment)从而产生代理成本。然而,另有一些研究从管家理论(stewardship theory)的角度出发,认为董事长与总经理兼任可以缩短决策制定过程从而提高企业管理效率(Donaldson and Davis,1991;Peng et al.,2007),但是这种积极的作用需要有效的监督机制来保证,因此我们仍然认为董事长与总经理兼任会增加经理人与股东之间的代理成本。

董事会对企业经理人实施监督机制,可以降低代理成本。但并不是董事会规模越大越好。普费弗和萨兰西克(Pfeffer and Salancik,2003)从资源依赖理论(resource dependence theory)的角度出发发现较大规模的董事会可以使公司获得更好的业绩。而耶马克(Yermack,1996)的结论则支持小型董事会规模。他发现小规模的董事会可以实现更好的财务比率进而提高公司价值并提供更好的监督。李普顿和洛尔施(Lipton and Lorsch,1992)表明8人或9人的董事会是最有效的,超过10人将导致较大的沟通成本。根据描述性统计,能源企业平均董事会规模为10人左右,略微超出李普顿和洛尔施(1992)的建议。同时由于能源的战略意义,能源企业董事会在制定策略时通常都以国家政策为导向,人数较多更容易得到折中的决策(Cheng,2008)从而降低董事会成员参与决策制定的积极性。因此我们预计董事会规模对能源上市企业纠正调整速度有消极作用。

布朗等（Brown et al.，2011）的综述表明，董事会独立性可以通过降低代理成本来帮助企业提高公司价值。詹森（1986）和伯杰等（Berger et al.，1997）指出，拥有更多独立董事的公司也有更高的杠杆率。但对于我国而言，独立董事经常充当大股东的利益代表，被视为"花瓶董事"，尤其对于能源企业而言更是如此，因此企业试图通过独立董事来降低代理成本和提高监督的想法往往得不到实现（李启明，2016）。因此本章预测独立董事比例的提高会进一步恶化企业资本结构动态调整的扭曲。

本书使用高管薪酬和董事会持股比来表示董事会的激励机制。有效的薪酬制度可以更好地激发企业管理者的工作积极性，从而缓解代理成本，提高企业价值。李等（Lee et al.，2008）和康勇（Conyon，2014）发现，支付高管较高的薪酬可以激励他们行使监督职能，继而减少代理成本，并提高企业绩效。黄继承等（2016）的研究也表明随着经理薪酬的增加，经理人与股东之间的代理冲突得到缓解，原本被扭曲的调整速度分别得到修正，企业能够更有效地向目标资本结构进行调整。根据詹森和梅克林（1976）的研究，随着董事会持股比例的增加，协同效应将会增强，从而激励董事会成员提供更好的监督，达到降低代理成本和提高公司价值的目的。因此我们认为对董事会的激励机制能够优化企业资本结构动态调整速度。

由于能源企业的高杠杆特性，本章更看重上市公司治理机制对矫正能源企业过快的资本结构向下调整的影响，但为与以往文献保持一致，研究假设仍区分向上调整和向下调整两个方向。

综上所述，本节对董事会机制与动态资本结构调整之间的关系提出如下假设：

假设 4.3：董事长与经理人兼任会恶化能源企业资本结构动态调整速度，表现为向上调整速度会被放缓，向下调整速度会被加快。

假设 4.4：董事会规模无法纠正能源企业资本结构动态调整速度，表现为向上调整速度将被进一步减缓，向下调整速度会被加快。

假设 4.5：独立董事比例的提高无法改善能源企业资本结构动态调整速度，表现为向上调整速度将被放缓，向下调整速度会被加快。

假设 4.6：董事会激励计划有助于缓解能源企业资本调整速度的扭曲，表现为向上调整速度会被加快，向下调整速度会被放缓。

三、股权结构与动态资本结构调整

国有股和机构持股比为本节所选的股权结构方面的代表变量。我国资本市场建立初期,国有股在上市公司中占有很高的比例。夏皮罗和维里希(Shapiro and Willig, 1990)发现国有企业有更严重的代理问题。伯克曼等(Berkman et al., 2010)进一步发现国有企业的经理人追求企业价值最大化的愿望不强,尤其是当他们同时还拥有政府职务时。2005年股权分置改革之后,国有股逐渐转化为可在二级市场自由交易的流通股,国有股的高比例才逐渐降低。能源企业也参与到这场改革中。然而能源行业有其特殊性,首先作为资本和技术双密集型行业,能源市场的准入门槛较高,这就需要国有法人或财力雄厚的机构法人参与资本运作,同时能源部门具有明显的战略地位,国家势必要保障其健康、长期和稳定发展,这导致能源企业内国有股占比仍然较高。此时国有股占主导地位可以避免由于股权分散导致的"搭便车"和低效的策略制定过程,因此我们认为国有股占比的增加能够改善企业资本结构动态调整速度。

机构投资者为企业出资是为了得到未来的利润,因此他们可以"用手投票",主动参与公司决策制定过程,行使监督职能并完善企业经营状况(Guercio and Hawkins, 1999),确保他们能够从投资中获得相应回报。同时,机构投资者也可以采用"用脚投票",当他们对企业无法进行有效监督时,他们会转向公司治理更好的其他企业从而向市场释放关于不同企业公司治理状况的信息(Grinstein and Michaely, 2005)。吉伦和斯塔克斯(Gillan and Starks, 2003)从理论上解释了机构投资者的监督作用,并指出他们是改善公司治理的主要推动者。因此本节预测机构投资者持股的增加也能缓解企业资本结构动态调整的扭曲。

根据以上分析,本节对股权结构与动态资本结构调整之间的关系提出相应假设并总结如下:

假设4.7:国有股占比的增加能够改善企业资本结构动态调整速度,向上调整速度会加快,向下调整速度会放缓。

假设4.8:机构持股比的增加能够改善企业资本结构动态调整速度,向上调整速度会加快,向下调整速度会放缓。

第三节 研究设计

本节对本章的模型构建进行解释,主要分为两个部分,首先参照弗兰纳里和兰根(Flannery and Rangan,2006)、拜恩(Byoun,2008)、莱蒙等(2008)、黄和里特(2009)、常亮(2012)、黄继承等(2016)建立动态资本结构调整基准模型,继而将公司治理变量引入基准模型构造动态资本结构调整拓展模型,并探究不同的治理变量在其中的作用。

一、动态资本结构调整基准模型

以往文献研究动态资本结构调整时多采用模型(4.1)来刻画企业真实资本结构向其目标资本结构进行调整的动态过程:

$$\text{Leverage}_{i,t} - \text{Leverage}_{i,t-1} = \lambda(\text{Leverage}_{i,t}^{tar} - \text{Leverage}_{i,t-1}) + \varepsilon_{i,t} \quad (4.1)$$

其中 $\text{Leverage}_{i,t} \equiv \dfrac{\text{Debt}_{i,t}}{\text{Asset}_{i,t}}$ 为企业 i 第 t 年末的资本结构,即企业的资产负债率,也就是杠杆率。$\text{Leverage}_{i,t}^{tar}$ 为企业 i 第 t 年末的目标资本结构,即目标杠杆率。λ 即资本结构调整系数,是企业观测到的杠杆率向目标杠杆率调整的速度衡量。$\varepsilon_{i,t}$ 为随机扰动项。

根据福克恩德等(2012)和黄继承等(2016)的研究,上述公式既包含企业主动进行调整的部分,也包含企业被动调整的部分。本章希望探究的是公司治理对能源企业中资本结构调整的影响,公司治理的作用机制在于影响企业决策制定过程,因此应当以主动调整为研究对象,对模型(4.1)进行改写可得到:

$$\text{Leverage}_{i,t} - \text{Leverage}_{i,t-1}^{alt} = \omega(\text{Leverage}_{i,t}^{tar} - \text{Leverage}_{i,t-1}^{alt}) + \varepsilon_{i,t} \quad (4.2)$$

其中 $\text{Leverage}_{i,t}^{alt}$ 为假设企业 i 第 t 年没有在资本市场进行融资时第 t 年末的资本结构,用 $\text{Leverage}_{i,t-1}^{alt} \equiv \dfrac{\text{Debt}_{i,t-1}}{\text{Asset}_{i,t-1} + \text{NI}_{i,t}}$ 来构造(黄继承等,2016),$\text{NI}_{i,t}$ 表示

企业 i 第 t 年末的净利润。ω 可视为主动进行资本结构调整的速度。$\varepsilon_{i,t}$ 为随机扰动项。我们用 $\Delta(\text{Leverage})_{i,t}$ 代替 $\text{Leverage}_{i,t} - \text{Leverage}_{i,t-1}^{alt}$ 衡量企业主动调整的部分，用 $\text{Deviation}(\text{Leverage})_{i,t}$ 代替 $\text{Leverage}_{i,t}^{tar} - \text{Leverage}_{i,t-1}^{alt}$ 衡量企业相对目标值的偏离程度，以简化模型表达，可以得到：

$$\Delta(\text{Leverage})_{i,t} = \omega \text{Deviation}(\text{Leverage})_{i,t} + \varepsilon_{i,t} \quad (4.2a)$$

根据以上公式，企业杠杆率（$\text{Leverage}_{i,t}$ 及 $\text{Leverage}_{i,t}^{alt}$）、资产、负债和净利润均可由企业公开财务数据获得，但是目标杠杆率 $\text{Leverage}_{i,t}^{tar}$ 无法直接从数据中提取，需要对其进行估计。

下一步，本节对如何估计目标杠杆率和主动资本结构调整速度 ω 进行说明。根据以往文献，企业的目标杠杆率由企业特征和行业因素共同决定（Flannery and Rangan, 2006; Byoun, 2008; Morellec et al., 2012; 常亮, 2012; Flannery and Hankins, 2013; 黄继承等, 2016），因此本章构造公式（4.3）如下：

$$\text{Leverage}_{i,t}^{tar} = \beta_X X_{i,t-1} + F_i + \eta_{i,t} \quad (4.3)$$

其中 $X_{i,t-1}$ 为滞后一期的用于决定目标杠杆率的一系列变量，包括企业的经营和盈利能力、成长机会、非债务税盾、企业规模、抵押能力，同时还引入行业中位数以控制可能的行业效应，具体变量及构造方式可见本章第四节中表 4-1 "财务数据"部分。β_X 为相应变量的系数向量，F_i 为企业无法观测到的固定效应，$\eta_{i,t}$ 为误差项。

将公式（4.3）代入模型（4.1），消除目标杠杆率 $\text{Leverage}_{i,t}^{tar}$ 可以得到：

$$\text{Leverage}_{i,t} = (1-\lambda)\text{Leverage}_{i,t-1} + \lambda F_i + \lambda \beta_X X_{i,t-1} + \varepsilon_{i,t} \quad (4.4)$$

对模型（4.4）进行回归即可得到参数的估计值 $\hat{\beta}_X$ 及 $\hat{F}_i$，将其再代回公式（4.3）即可计算出目标杠杆率的估计值 $\widehat{\text{Leverage}}_{i,t}^{tar}$，并以此为目标杠杆率的衡量代入模型（4.2a），估计出企业主动资本结构调整速度 ω。由于模型（4.4）的设定为动态面板结构，因此本书在对其进行回归时参照弗兰纳里和汉金斯（Flannery and Hankins, 2013）及黄继承等（2016）采用偏差矫正最小二乘虚拟变量估计方法（bias corrected LSDV dynamic panel data estimate, Bruno, 2005），同时对行业[①]固定效应进行控制，并将年份虚拟变量与资本结构偏离的交互项放入回归方程中以控制年份固定效应（黄继承等, 2016），即构造模型（4.2b）：

---

① 虽然我们的样本限制在能源企业，但是由于不同能源种类，如煤炭、石油、天然气等，其内部融资结构也可能会有不同，因此我们仍然对细分行业进行了控制。

$$\Delta(\text{Leverage})_{i,t} = \omega(1 + t.\text{year})\,\text{Deviation}(\text{Leverage})_{i,t} + \varepsilon_{i,t} \quad (4.2b)$$

其中 t.year 表示年份虚拟变量，t = 2005…2016，若该样本属于第 t 年则值为 1，否则为 0，其他变量含义同模型（4.2a）。模型（4.2a）及模型（4.2b）即为本章所使用的基准模型。

二、动态资本结构调整拓展模型

在基准模型的基础上，本节引入公司治理变量，可得到动态资本结构调整拓展模型。首先本章将公司治理变量引入公式（4.3），以得到考虑公司治理因素后的目标杠杆率，公式（4.3）被改写为：

$$\text{Leverage}_{i,t}^{\text{tar}} = \beta_X X_{i,t-1} + \beta_{cg} CG_{i,t-1} + F_i + \eta_{i,t} \quad (4.5)$$

其中 $CG_{i,t-1}$ 为公司治理各变量组成的向量，包括董事会规模、持股、薪酬，及国有股占比和机构持股比等变量，具体变量及构造方式可见本章第四节中表 4-1 "公司治理数据"部分。β_{cg} 为相应变量的参数向量。其他变量含义及构成与公式（4.3）中相同。将公式（4.5）代入模型（4.1），可以得到：

$$\text{Leverage}_{i,t} = (1-\lambda)\text{Leverage}_{i,t-1} + \lambda F_i + \lambda\beta_X X_{i,t-1} + \lambda\beta_{cg} CG_{i,t-1} + \varepsilon_{i,t} \quad (4.6)$$

此时对模型（4.6）回归可得到各参数的估计值 $\hat{\beta}_X$、$\hat{\beta}_{cg}$ 和 $\hat{F}_i$，将其再代回公式（4.5）即可计算出考虑公司治理因素的目标杠杆率估计值 $\widehat{\text{Leverage}}_{i,t}^{\text{tar}}$。

得到考虑公司治理因素的目标杠杆率后，下一步本章对企业主动资本结构调整速度 ω 重新估计。具体而言，本章对模型（4.2b）进行改写，将公司治理变量添加进去，以估计公司治理对能源企业资本结构调整速度的影响。公司治理变量的引入可以通过两种方法：一种是将公司治理变量作为交互项引入（黄继承等，2016），如模型（4.7a）所示；另一种是同时引入公司治理变量水平值和交互项，如模型（4.7b）所示。回归时年份虚拟变量与资本结构偏离的交互项，作为年份控制被放入回归方程中。模型（4.7a）和模型（4.7b）即为本章的拓展模型，表达如下：

$$\Delta(\text{Leverage})_{i,t} = [\omega(1 + t.\text{year}) + \omega_{cg} CG_{i,t-1}]\text{Deviation}(\text{Leverage})_{i,t} + \varepsilon_{i,t}$$
$$(4.7a)$$

$$\Delta(\text{Leverage})_{i,t} = [\omega(1+\text{t.year}) + \omega_{cg}CG_{i,t-1}]\text{Deviation}(\text{Leverage})_{i,t} + \theta_{cg}CG_{i,t-1} + \varepsilon_{i,t}$$
(4.7b)

第四节　数据及变量

由于高管薪酬数据在 2004 年及以前样本量过少，因此本章使用 2005～2016 年能源上市企业为样本。数据来自 CSMAR 数据库中财务报表数据和治理结构数据。能源类企业根据证监会发布的《上市公司行业分类指引》（2012 年修订），选取行业代码为"B06（煤炭开采和洗选业）、B07（石油和天然气开采业）、C25（石油加工、炼焦及核燃料加工业）、C42（废弃资源综合利用业）、D44（电力、热力生产和供应业）及 D45（燃气生产和供应业）"的企业，详细解释和对比可以参考本书第三章第一节内容。其中财务变量的构造参照肖泽忠和邹宏（2008）及黄继承等（2016）选取，公司治理变量参照莫雷克等（2012）及黄继承等（2016）选取。数据处理时，本章剔除 ST 股和尚未完成股改的 S 股，剔除已终止上市或暂停上市的企业，因为它们的财务数据可能会有较大的异常，并剔除上市不满两年的企业，防止可能的 IPO 效应及满足数据的动态形式，同时对所有数据进行上下 1% 缩尾（winsorize）处理，最终得到 125 家企业，共 1 362 个样本，具体变量名称、解释及构造见表 4-1，描述性统计见表 4-2。

表 4-1　　　　　　　　变量解释及构造

变量名称	变量解释	变量构造
资本结构数据		
ΔLeverage	资本结构调整值	当期杠杆率 - 上期实际杠杆率
Dev_lev	资本结构偏离	目标杠杆率 - 上期实际杠杆率
leverage	杠杆率（%）	（负债合计 + 优先股 - 递延所得税负债）÷资产总计
leverage_alt	实际杠杆率（%）	（负债合计 + 优先股 - 递延所得税负债）÷（净利润 + 资产总计）

续表

变量名称	变量解释	变量构造
财务数据			
profit	盈利能力	息税前利润÷资产总计
growth	成长机会	(市值A+负债合计)÷资产总计
non_tax	非债务税盾	每股折旧和摊销×实收资本÷资产总计
firm_size	企业规模	ln(资产总计)
mortgage	抵押能力	固定资产÷资产总计
ind_median_lev	行业控制	每年行业内资本结构的中位数
公司治理数据			
dual(%)	董事长与总经理兼任	董事长总经理为同一人则为1,否则为0
board_size	董事会规模	董事会总人数
board_indep(%)	董事会独立性	独立董事占董事会成员比率
board_share(%)	董事会持股比	董事会持股数÷总股数
boar_compen	高管薪酬	董事、监事及高管前三名薪酬总额,取对数
ownership_state(%)	国有股占比	国有股÷总股数
ownership_institute(%)	机构持股比	(境内发起人法人股股数+境外发起人法人股股数+募集法人股股数+基金配售股数+一般法人配售数)÷总股数

表4-2　能源企业资本结构、财务及公司治理数据描述性统计

变量名称	样本数	均值	标准差	最小值	最大值
杠杆率					
leverage(%)	1 304	56.79	19.03	4.90	109.82
leverage_alt(%)	1 304	56.00	21.02	4.17	124.67
财务数据					
profit	1 362	0.0554	0.0640	-0.2308	0.2309
growth	1 362	1.9409	1.4147	0.9066	11.5660
non_tax	1 362	0.0370	0.0159	0.0006	0.0793
firm_size	1 362	22.6313	1.5930	19.1157	26.5727
mortgage	1 362	0.4476	0.1869	0.0023	0.7514
ind_median_lev	1 362	0.5838	0.0659	0.3592	0.7832

续表

变量名称	样本数	均值	标准差	最小值	最大值
公司治理数据					
dual（%）	1 362	8.66	28.14	0.00	100.00
board_size	1 348	10.1254	2.4036	0.0000	18.0000
board_indep（%）	1 347	35.78	4.94	14.29	71.43
board_share（%）	1 254	0.85	4.99	0.00	54.04
boar_compen	1 351	13.9148	0.7002	11.2645	16.2497
ownership_state（%）	1 362	20.17	24.72	0.00	74.77
ownership_institute（%）	1 362	6.80	14.74	0.00	75.00

表4-2汇报了能源类上市公司财务数据和公司治理数据的描述统计，附表5附上非能源行业（除金融类外）企业的相关数据，以便简洁篇幅和进行比较。由表4-2可得，能源类上市公司平均杠杆率为57%左右，附表5中非能源企业平均杠杆率为45%左右，能源类行业的资产负债率高于其他行业。公司治理相关详细对比可见第三章第五节，此处仅做概述。能源类上市企业实现了更好的权责分离制度，董事会构成方面两类企业相差较小，规模为9~10人，独立董事比例介于35%~37%，能源企业内董事会持股比和高管薪酬均显著低于非能源企业。股权结构方面，能源企业国有股占比明显高于非能源企业，机构持股比则显著低于非能源企业，表明能源行业的确更多地为国家主导。

公式（4.5）和模型（4.6）的回归结果可得到考虑公司治理因素的目标资本结构，即目标杠杆率，进而可以计算实际杠杆率与目标杠杆率之间的偏离值。本章分别计算能源企业与非能源企业的资本机构差值和资本偏离值进行对比，描述性统计及对比结果如表4-3所示。

由表4-3可看出，能源企业每年主动资本结构调整值（ΔLeverage）相对较少，但两者t检验并没有反映出显著不同。根据模型（4.2）和模型（4.2a）中的定义，Dev_lev大于0说明企业实际杠杆率低于目标杠杆率，反之亦然。表4-3显示，平均而言非能源行业和能源行业的实际杠杆率与目标杠杆率水平持平，但是能源行业的偏差值更小，t检验也反映出能源行业与目标杠杆率之间的偏差显著较小。针对有显著不同的资本结构偏离值，我们求出其每年均值并做出时序图进行对比,结果见图4-1。

表4-3 资本结构差值与偏离值对比

变量名	非能源企业 样本	非能源企业 均值	非能源企业 标准差	能源企业 样本	能源企业 均值	能源企业 标准差	t统计量	差异方向
ΔLeverage	16 979	0.0185	0.1056	1 149	0.0136	0.1142	-1.5261	-
Dev_lev	16 683	0.0465	0.1946	1 080	0.0329	0.2534	-2.1828**	-

注:ΔLeverage 表示资本结构调整值,ΔLeverage = 当期杠杆率 - 上期实际杠杆率;Dev_lev 为资本结构偏离,Dev_lev = 目标杠杆率 - 上期实际杠杆率。上述变量及指标来源于 CSMAR 数据库财务报表及财务指标相关数据。t 统计量指能源企业与非能源企业均值 t 检验结果,***、**、* 分别表示在1%、5%、10%的水平上显著;差异方向指能源企业相对于非能源企业而言,如某变量能源企业均值更高,则为" + ",否则为" - "。

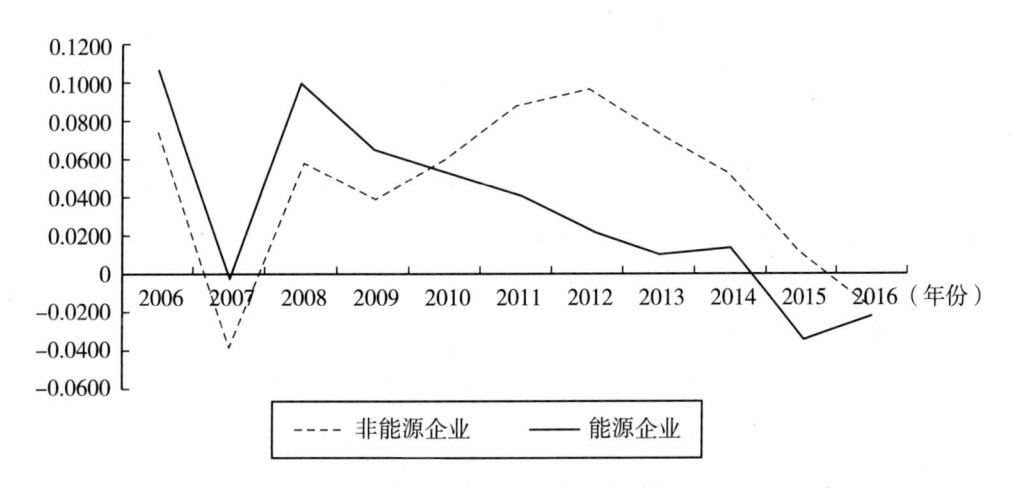

图4-1 不同行业资本结构偏离值时序图(2006~2016年)

图4-1表明能源行业的资本结构偏离值在2010年前较大,且为正值,但是自2008年开始与目标值之间的差距越来越小,自2013年起与目标值之间的偏离已经开始保持在较小范围内;而非能源企业的偏离值则一直偏离较多,自2008年之后一直呈现出远离目标值的趋势,尤其是在2012年达到偏离的顶峰,随后迅速下降,直至最近两年与能源企业的偏差的绝对值差距不大。

由上述统计数据的描述可以看出,能源企业较其他行业存在显著差异,它们拥有更高的杠杆率,但与目标杠杆率的偏离幅度较小且差距保持缩小趋势。

能源企业中较少董事长与经理的两职合一情形，有利于企业进行权责分离；董事会参与较少的股权激励计划且高管薪酬更少，这说明能源企业中董事会和高管的个人利益与企业表现相对独立；股权方面，国有股在能源企业中占比较大，机构持股比较少，反映出明显的国家主导特征。

第五节　实证结果及分析

根据弗兰纳里和兰根（2006）、利里和罗伯茨（2005）、黄和里特（2009）以及福克恩德等（2012）的研究结果，目标资本结构取决于债务融资的税务优势、债务融资成本、资产变异性、无风险利率及资本重组的成本，因此为便于与以往文献进行对比，本章首先利用财务信息对模型（4.4）进行回归，计算出未考虑公司治理因素的目标杠杆率，并将其代入基准模型（4.2a）和模型（4.2b）进行回归，得到企业主动资本结构调整速度。进一步地，本章估计考虑公司治理因素的目标杠杆率，并代入模型（4.7a）和模型（4.7b）以得到考虑了公司治理因素影响后企业主动资本结构调整速度 ω，从而查看公司治理对能源类上市公司主动资本结构调整的影响。

莫雷克等（2012）研究代理成本对企业动态资本结构调整的影响时更多考虑对向上调整，即增加负债的影响。能源企业的杠杆率已处于较高水平，与莫雷克等（2012）不同，本章更希望探讨公司治理机制如何使能源企业合理地向下调整。

以往文献建议回归时对低于或高于目标资本结构的样本进行分别处理（Byoun, 2008; Faulkender et al., 2012; 黄继承等, 2016），以区分向上调整或向下调整的不同。因此，本章遵循该设定，首先回归出全样本的结果，并根据偏离值大于 0（杠杆率<目标值）和偏离值小于 0（杠杆率>目标值）将全样本分为两个子样本进行回归。

一、基准模型回归结果

基准模型结果如表4-4所示,其中报告了模型(4.2a)和模型(4.2b)的回归结果,并分别汇报全样本、杠杆率大于(或小于)目标值的结果。回归时采取Pooled-OLS回归(黄继承等,2016),其中模型(4.2a)中没有添加年份虚拟与偏离值的交互项,模型(4.2b)中将其添加以控制可能的年份固定效应。

表4-4　　　　　资本结构动态调整速度基准模型回归结果

变量	模型(4.2a) 全样本	模型(4.2a) 杠杆率<目标值	模型(4.2a) 杠杆率>目标值	模型(4.2b) 全样本	模型(4.2b) 杠杆率<目标值	模型(4.2b) 杠杆率>目标值
	ΔLeverage	ΔLeverage	ΔLeverage	ΔLeverage	ΔLeverage	ΔLeverage
Dev_lev	0.3522*** (0.0237)	0.3007*** (0.0436)	0.5449*** (0.0195)	0.2669*** (0.0430)	0.2091*** (0.0206)	0.4226*** (0.1011)
年份虚拟变量×Dev_lev	否	否	否	是	是	是
截距项	0.0033** (0.0011)	0.0029 (0.0066)	0.0376*** (0.0026)	0.0063** (0.0021)	0.0033 (0.0055)	0.0448*** (0.0061)
样本数	1 151	636	515	1 151	636	515
调整R^2	0.3537	0.1664	0.4037	0.3688	0.2076	0.4261

注:ΔLeverage表示资本结构调整值,ΔLeverage=当期杠杆率-上期实际杠杆率;Dev_lev为资本结构偏离,Dev_lev=目标杠杆率-上期实际杠杆率。括号中为稳健估计的标准差。***、**、*分别表示在1%、5%、10%的水平上显著。

表4-4回归结果显示,模型(4.2a)和模型(4.2b)中Dev_lev的系数均在1%水平值上显著为正,且数值介于(0,1)之间,该参数估计值刻画了企业动态资本结构调整速度。不控制年份固定效应的全样本回归中,Dev_lev的系数拟合值为0.3522,这说明平均而言,能源类上市公司每年主动向目标杠杆率调

整35.22%，不到三年即可完成调整，达到目标杠杆率状态。当控制年份固定效应后，系数变为0.2669，由于方程中纳入了年份虚拟变量与调整速度的交互项，此时系数估计值不能完全反映调整速度，因此我们计算基于均值的参数边际效应，结果汇总于表4-8，边际效应为0.3697，说明调整速度为36.97%，仍然在1%水平上显著①。

由于本章将全样本分为两个子样本进行回归，为查看分组回归的系数是否显著不同，我们使用邹检验（Chow test）和似不相关（SUR）检验，以验证组间系数差异是否显著。结果整理于表4-5。

表4-5　　　　模型（4.2a）与模型（4.2b）组间差异检验结果

模型	检验参数	邹检验	似不相关检验
模型（4.2a）	Dev_lev	0.0050***	0.0000***
模型（4.2b）		0.0000***	0.0000***

注：Dev_lev为资本结构偏离，Dev_lev = 目标杠杆率 - 上期实际杠杆率。邹检验及似不相关检验结果均汇报假设检验p值，原假设为分组回归系数相等。***表示在1%的水平上显著。

表4-5表明，模型（4.2a）和模型（4.2b）中Dev_lev参数估计值在1%的水平上显著不同，对比系数大小可知向上调整速度始终低于向下调整速度，这与债务会增加经理人约束假设相符，此时假设4.2的正确性得到验证。

具体查看调整速度时，模型（4.2a）得到的向上调整速度为30.07%，向下调整速度为54.49%，模型（4.2b）的调整速度可由表4-8中边际效应结果得到，向上调整和向下调整速度分别为30.22%和61.78%。根据债务对经理人造成约束的假设，向上调整速度被扭曲从而低于最优调整速度，因此应当设法提高向上调整速度；而向下调整速度则被扭曲而高于最优速度，所谓欲速则不达，虽然企业此时确实应当减少杠杆率，但是过快地减少负债水平可能会造成调整的成本大于收益从而损害企业利益（黄继承等，2016），因此应当设法降低向下调整速度。

由于能源企业拥有高杠杆率特征，因此本章进一步对向下调整速度进行分

---

① 具体数值及显著性水平可查看表4-8中第一组边际效应值。

析。相比以往文献，黄继承等（2016）以 2001~2012 年我国所有上市公司（除金融类外）为研究对象，当使用模型（4.2a）设定、未控制年份固定效应时，它们的结果显示向下调整为 48.0%，低于本章所得到的结果。平均而言，能源企业不到两年就能减少多余的负债，以达到目标杠杆率。本书第三章第二节对比显示，能源企业内长期债务比例显著更高。由于一些长期债务的有效期远远大于两年，利用近期能够调整的债务进行迅速的调整，很难确保不对债权人和企业造成过大的波动。本章的基准模型结果证实了能源企业确实向下调整的速度较快。因此本章下一步检验公司治理机制对能源企业向下调整速度是否能起到矫正作用。

由于本章数据为面板数据，样本之间最多相差有 10 年，因此我们以添加了年份效应的模型（4.2b）的设定为准，与后续拓展模型的回归结果进行对比。

二、拓展模型回归结果

本章利用拓展模型考察公司治理因素对能源类上市公司主动资本结构调整速度的影响。本部分将汇报回归结果。回归时，本章首先使用引入公司治理变量后的公式（4.6）估计目标杠杆率，继而分别使用拓展模型（4.7a）和（4.7b）的设定形式进行回归，以查看能源类上市公司主动资本结构调整的速度及公司治理变量对其的影响。为方便与基准模型做比较，本章也采取了模型（4.2b）的设定形式。回归结果总结于表 4-6。

对表 4-6 中拓展模型回归结果的解读可分为两个步骤。第一步，查看各公司治理变量与资本结构偏离值 Dev_lev 交互项系数的显著性与方向，从中探明各公司治理机制对企业动态资本结构调整速度的影响，并验证假设 4.3~假设 4.8。第二步，计算出拓展模型中企业动态调整的速度，并与基准模型相对比以验证假设 4.1。其中，调整速度用偏离值系数的边际效应来刻画，这是由于拓展模型中存在交互项，偏离值系数的估计值并不能完全体现资本结构调整速度，因此本章计算各回归方程中偏离值的边际效应，并将结果整理于表 4-8。

表4-6　资本结构动态调整速度拓展模型回归结果

变量	模型 (4.2b) 全样本 ΔLeverage	模型 (4.2b) 杠杆率＜目标值 ΔLeverage	模型 (4.2b) 杠杆率＞目标值 ΔLeverage	模型 (4.7a) 全样本 ΔLeverage	模型 (4.7a) 杠杆率＜目标值 ΔLeverage	模型 (4.7a) 杠杆率＞目标值 ΔLeverage	模型 (4.7b) 全样本 ΔLeverage	模型 (4.7b) 杠杆率＜目标值 ΔLeverage	模型 (4.7b) 杠杆率＞目标值 ΔLeverage
Dev_lev	0.2510*** (0.0386)	0.2093*** (0.0200)	0.3972*** (0.0590)	0.7511*** (0.0940)	0.0608 (0.1839)	1.6170*** (0.2892)	0.9640*** (0.1236)	0.4455 (0.4450)	1.0793* (0.5072)
dual							-0.0059 (0.0129)	-0.0664* (0.0316)	-0.0107 (0.0078)
board_size							-0.0015 (0.0007)	0.0012 (0.0018)	-0.0044 (0.0031)
board_indep							-0.0016 (0.0276)	0.0261 (0.0874)	0.1721* (0.0713)
board_share							-0.0622** (0.0182)	0.0594 (0.0797)	-0.0546** (0.0177)
boar_compen							0.0159*** (0.0015)	0.0065 (0.0065)	0.0070 (0.0080)
ownership_state							0.0115 (0.0061)	-0.0155 (0.0102)	-0.0002 (0.0177)
ownership_institute							-0.0014 (0.0194)	0.0519 (0.0341)	-0.0151 (0.0695)

续表

变量	模型 (4.2b) 全样本 ΔLeverage	模型 (4.2b) 杠杆率<目标值 ΔLeverage	模型 (4.2b) 杠杆率>目标值 ΔLeverage	模型 (4.7a) 全样本 ΔLeverage	模型 (4.7a) 杠杆率<目标值 ΔLeverage	模型 (4.7a) 杠杆率>目标值 ΔLeverage	模型 (4.7b) 全样本 ΔLeverage	模型 (4.7b) 杠杆率<目标值 ΔLeverage	模型 (4.7b) 杠杆率>目标值 ΔLeverage
dual × Dev_lev				0.1482 (0.0881)	0.2264 (0.1835)	0.0736 (0.0872)	0.1579* (0.0716)	0.4590 (0.2723)	0.0362 (0.0994)
board_size × Dev_lev				0.0139* (0.0058)	0.0127 (0.0070)	0.0267** (0.0099)	0.0156* (0.0065)	0.0091 (0.0109)	0.0117 (0.0177)
board_indep × Dev_lev				0.3983 (0.2442)	0.1555 (0.2410)	0.5827* (0.2528)	0.3805 (0.2438)	0.0515 (0.3382)	1.1690** (0.3700)
board_share × Dev_lev				−0.2065 (0.1570)	−0.1041 (0.1762)	1.4935*** (0.2605)	−0.1128 (0.1798)	−0.2289 (0.3500)	1.1369** (0.2998)
boar_compen × Dev_lev				−0.0588*** (0.0140)	−0.0059 (0.0157)	−0.1268*** (0.0272)	−0.0758*** (0.0147)	−0.0300 (0.0252)	−0.0893* (0.0437)
ownership_state × Dev_lev				−0.0751 (0.0457)	0.0218 (0.0542)	−0.1536** (0.0581)	−0.0747 (0.0424)	0.0672 (0.0816)	−0.1749* (0.0710)
ownership_institute × Dev_lev				0.0054 (0.1418)	0.0476 (0.0535)	−0.0349 (0.2254)	−0.0035 (0.1490)	−0.1122 (0.1302)	−0.0654 (0.3521)
年份虚拟变量 × Dev_lev	是	是	是	是	是	是	是	是	是

续表

变量	模型 (4.2b)			模型 (4.7a)			模型 (4.7b)		
	全样本	杠杆率＜目标值	杠杆率＞目标值	全样本	杠杆率＜目标值	杠杆率＞目标值	全样本	杠杆率＜目标值	杠杆率＞目标值
	ΔLeverage	ΔLeverage	ΔLeverage	ΔLeverage	ΔLeverage	ΔLeverage	ΔLeverage	ΔLeverage	ΔLeverage
截距项	0.0073**	0.0004	0.0425***	0.0085**	−0.0767	−0.2156***	0.0085**	−0.1067	0.0398***
	(0.0026)	(0.0036)	(0.0058)	(0.0029)	(0.0415)	(0.0429)	(0.0029)	(0.0987)	(0.0041)
样本数	1 037	568	469	1 037	568	469	1 037	568	469
调整 R^2	0.3482	0.1954	0.3866	0.3650	0.2166	0.4152	0.3706	0.2286	0.4150

注：ΔLeverage 表示资本结构调整值，ΔLeverage ＝ 当期杠杆率 − 上期实际杠杆率；Dev_lev 为资本结构偏离，Dev_lev ＝ 目标杠杆率 − 上期实际杠杆率；dual 为董事长与总经理兼任虚拟变量，兼任为 1，否则为 0；board_size 为董事会规模，用董事会人数表示；board_indep 为董事会独立性，用独立董事占比表示；board_share 为董事会持股比；board_compen 为高管薪酬，用董事、监事、高级管理人员前三名薪酬总额的对数表示；ownership_state 为国有股占比；ownership_institute 为机构持股比。括号中为稳健估计的标准差。***、**、* 分别表示在 1%、5%、10% 的水平上显著。

首先查看各交互项的系数。董事会机制方面，董事会规模对整体调整速度有促进作用，子样本回归结果仅模型（4.7a）的向下调整显著为正，说明董事会成员越多，能源类上市公司资本结构向下调整速度越快。不同的董事会成员可以为企业带来不同的资源，因此一定数量的董事会成员有利于企业制订更合适的计划（Hillman and Dalziel，2003），然而董事会成员人数过多则会导致高额的沟通成本（Yermack，1996）。本章的结果显示我国能源企业董事会规模无法起到缓解代理成本、缓解向下调整速度的作用，印证了假设4.4。

独立董事比例的提高在模型（4.7a）和模型（4.7b）向下调整子样本回归结果中均显著为正，表明能源类上市企业中独立董事比例越多，企业资本结构向下调整会被进一步加快。这与李启明（2016）的结论相同。由于我国规定只有拥有1%股权以上的股东才有资格提名独立董事，因而独立董事在一定程度是由大股东决定的，有沦为"花瓶董事"的可能，无法保证监督职能的有效发挥，也就无法缓解代理成本，此处假设4.5得以印证。

激励机制代理变量中董事会持股对向下调整有着显著的正效应，表明董事会持股比的增加会加剧过快的向下调整速度。而高管薪酬与资本结构偏离值的交互项系数在模型（4.7a）和模型（4.7b）全样本和向下调整子样本回归结果中均显著为负，说明随着高管薪酬的增加，企业过快的向下调整速度会被修正，因而假设4.6只得到部分证实。适当的股权激励和薪酬增加被证实可以有效促使董事会成员及高管参与企业管理并行使监督职能（黄继承等，2016），本章的结果只印证了高管薪酬的增加可以有效降低代理成本，与黄继承等（2016）的结论一致，但股权激励却有着增加代理成本的效果。查看表4-2中的相关数据可知，能源类上市公司内，薪酬水平较低，董事会持股占比非常小，说明能源企业内的激励机制还尚未完善。股权激励之所以无法显示出积极的作用，可能是由于还未达到能够缓解代理成本的阈值（董艳和李凤，2011）。

股权结构方面，模型（4.7a）和模型（4.7b）回归结果均证实，国有股占比的提高能够显著降低向下调整速度。根据描述性统计，能源类上市企业的国有股占比较高，平均水平为20%左右，由于能源的重要性和战略地位，较为集中的国有股能够有效防止小股东"搭便车"行为，更加有效地制定企业融资政策，保证企业健康发展，因而印证了假设4.7。

其余变量，如董事长与总经理两职分离和机构持股比并没有得到显著的结果，假设 4.3 和假设 4.8 无法得到有效验证。对于子样本回归得到的系数，本章同样基于邹检验和似不相关检验对组间差异的显著性进行验证，结果见表 4-7。

表 4-7　　模型 (4.7a) 和模型 (4.7b) 组间差异检验结果

模型	检验参数	邹检验	似不相关检验
模型 (4.7a)	Dev_lev	0.0120**	0.0001***
模型 (4.7b)		0.0120**	0.0001***

注：Dev_lev 为资本结构偏离，Dev_lev = 目标杠杆率 − 上期实际杠杆率。邹检验及似不相关检验结果均汇报假设检验的 p 值，原假设为分组回归系数相等。此处由于 Dev_lev 存在交互项，因此针对其边际效应进行检验。*** 表示在 1% 的水平上显著。

表 4-7 的结果表明分组回归系数在 5% 的显著水平上不同，查看其边际效应值发现向上调整速度仍然始终低于向下调整速度，从而再次印证了假设 4.2 的正确性。

下一步，本节针对表 4-6 中拓展模型的回归结果，进行第二步解读，计算并汇报基准模型、拓展模型中资本结构偏离 Dev_lev 变量的边际效应，结果可见表 4-8，所有模型中的边际效应均使用其他协变量的均值进行计算。

表 4-8　　各模型中资本结构偏离的边际效应

回归模型	公司治理变量的使用	样本选取	样本数	边际效应	方差	t 值
基准模型						
模型 (4.2b)	无	全样本	1 151	0.3697***	0.0292	12.6500
		杠杆率 < 目标值	636	0.3022***	0.0376	8.0400
		杠杆率 > 目标值	515	0.6178***	0.0480	12.8700
模型 (4.2b)	估计目标杠杆率时使用	全样本	1 037	0.2571***	0.0245	10.5100
		杠杆率 < 目标值	569	0.2319***	0.0208	11.1700
		杠杆率 > 目标值	468	0.4223***	0.0582	7.2600

续表

回归模型	公司治理变量的使用	样本选取	样本数	边际效应	方差	t 值
拓展模型						
模型(4.7a)	（1）估计目标杠杆率时使用；（2）估计调整速度时使用（仅交互项）	全样本	1 037	0.2577***	0.0187	13.7600
		杠杆率 < 目标值	569	0.2510***	0.0262	9.5800
		杠杆率 > 目标值	468	0.4042***	0.0341	11.8500
模型(4.7b)	（1）估计目标杠杆率时使用；（2）估计调整速度时使用（水平值和交互项）	全样本	1 037	0.2569***	0.0158	16.2500
		杠杆率 < 目标值	569	0.2530***	0.0330	7.6600
		杠杆率 > 目标值	468	0.4072***	0.0330	12.3400

注：标准误为使用 Delta 法计算所得。***、**、* 分别表示在 1%、5%、10% 的水平上显著。

表 4-8 中边际效应即为各模型中企业动态资本结构调整速度，均在 1% 水平上显著。针对组间差异的邹检验与似不相关检验结果已于表 4-7 进行汇报。根据前文所述，目标杠杆率的设定并非一成不变，而是由不同因素所决定，受估计目标杠杆率时是否考虑公司治理因素的影响，基准模型（4.2b）的两个回归结果有所不同。对比发现，考虑公司治理因素后能源企业整体调整速度下降，无论是向上调整或向下调整，速度均明显放缓，有利于矫正能源企业过快的向下调整。

对比模型（4.2b）、模型（4.7a）与模型（4.2b）这三组均考虑公司治理变量因素的模型后我们发现，整体调整速度变化很小，但向上调整速度加快，向下调整速度减缓，表明原本由于债务约束造成的过慢的向上调整速度和过快的向下调整速度均被修正。尤其对于向下调整而言，速度由原先的 61.78% 降至 40% 左右，意味着在公司治理各变量的综合影响下，能源类上市企业内部代理问题得到控制。针对到目标杠杆率的变化，汇报如表 4-9 所示。

由表 4-9 可以发现，当考虑公司治理变量因素后目标杠杆率有所上升，但两者差距并不明显，结合调整速度由于代理问题的降低而得到改善，本章认为能源类上市企业的目标杠杆率水平随着代理冲突减缓而有所提升，从而印证了假设 4.1。

表 4-9　　　　　　　　　　目标杠杆率对比

是否考虑公司 治理因素	变量	样本数	均值	标准差	最小值	最大值
否	目标杠杆率	1 199	0.5881	0.2095	-0.2715	1.2771
是	目标杠杆率	1 080	0.5994	0.2620	-0.5796	1.5258

三、稳健性检验

本节稳健性检验从两个方面入手。首先，对 2008 年金融危机进行控制，在模型（4.7a）和模型（4.7b）中引入虚拟变量，将凡是 2008 年（不含）以后出现的数据都标记为 1，其他为 0，并对表 4-6 中模型重新进行回归，以查看控制金融危机可能的影响后企业资本结构调整速度是否有所变化。其次，目标杠杆率的估计是本章的关键，在估计目标杠杆率时使用 LSDV 偏差矫正估计方法，其初始矫正使用的是 Blundelland-Bond 系统广义矩估计法（System GMM，Faulkender et al.，2012），本节将其改为 Arellano-Bond 差分广义矩估计（Difference GMM）以查看结果是否稳健。回归结果分别汇报于表 4-10 和表 4-11 中。

表 4-10 及表 4-11 中回归结果与表 4-6 中各系数的符号与显著性均相符，董事会规模、独立性及持股比的增加均无法降低代理成本，会进一步加剧能源企业资本结构向下调整的速度。高管薪酬与国有股占比的增加可以降低代理成本，有效防止能源企业过快地向下调整。稳健性检验的结果表明，本章对公司治理如何影响能源类上市企业资本结构动态调整的回归结果是稳健可靠的。

表4-10 稳健性检验结果（控制金融危机）

变量	模型（4.2b）			模型（4.7a）			模型（4.7b）		
	全样本 ΔLeverage	杠杆率<目标值 ΔLeverage	杠杆率>目标值 ΔLeverage	全样本 ΔLeverage	杠杆率<目标值 ΔLeverage	杠杆率>目标值 ΔLeverage	全样本 ΔLeverage	杠杆率<目标值 ΔLeverage	杠杆率>目标值 ΔLeverage
Dev_lev	0.2512*** (0.0386)	0.2095*** (0.0201)	0.3974*** (0.0590)	0.7444*** (0.0949)	0.0574 (0.1826)	1.6037*** (0.2880)	0.9593*** (0.1246)	0.4411 (0.4480)	1.0580* (0.5121)
dual							-0.0058 (0.0130)	-0.0667* (0.0317)	-0.0109 (0.0077)
board_size							-0.0014 (0.0007)	0.0012 (0.0018)	-0.0045 (0.0032)
board_indep							-0.0017 (0.0277)	0.0250 (0.0888)	0.1707* (0.0734)
board_share							-0.0622** (0.0185)	0.0597 (0.0796)	-0.0553** (0.0184)
boar_compen							0.0159*** (0.0014)	0.0064 (0.0066)	0.0072 (0.0082)
ownership_state							0.0113 (0.0063)	-0.0151 (0.0099)	-0.0011 (0.0180)
ownership_institute							-0.0015 (0.0192)	0.0518 (0.0341)	-0.0151 (0.0709)

续表

变量	模型 (4.2b) 全样本 ΔLeverage	模型 (4.2b) 杠杆率<目标值 ΔLeverage	模型 (4.2b) 杠杆率>目标值 ΔLeverage	模型 (4.7a) 全样本 ΔLeverage	模型 (4.7a) 杠杆率<目标值 ΔLeverage	模型 (4.7a) 杠杆率>目标值 ΔLeverage	模型 (4.7b) 全样本 ΔLeverage	模型 (4.7b) 杠杆率<目标值 ΔLeverage	模型 (4.7b) 杠杆率>目标值 ΔLeverage
dual × Dev_lev				0.1477 (0.0881)	0.2262 (0.1837)	0.0714 (0.0861)	0.1573* (0.0716)	0.4605 (0.2727)	0.0338 (0.0980)
board_size × Dev_lev				0.0139* (0.0059)	0.0128 (0.0070)	0.0265** (0.0099)	0.0156* (0.0065)	0.0090 (0.0108)	0.0111 (0.0179)
board_indep × Dev_lev				0.4002 (0.2430)	0.1594 (0.2400)	0.5808* (0.2559)	0.3817 (0.2432)	0.0585 (0.3433)	1.1653** (0.3803)
board_share × Dev_lev				−0.2108 (0.1575)	−0.1056 (0.1756)	1.4853*** (0.2647)	−0.1161 (0.1810)	−0.2323 (0.3495)	1.1253** (0.3049)
高管薪酬 × Dev_lev				−0.0582*** (0.0140)	−0.0055 (0.0153)	−0.1256*** (0.0270)	−0.0754*** (0.0147)	−0.0296 (0.0251)	−0.0873 (0.0440)
ownership_state × Dev_lev				−0.0790 (0.0422)	0.0156 (0.0540)	−0.1549** (0.0540)	−0.0771 (0.0395)	0.0600 (0.0798)	−0.1781** (0.0690)
ownership_institute × Dev_lev				0.0059 (0.1409)	0.0470 (0.0543)	−0.0296 (0.2205)	−0.0025 (0.1479)	−0.1134 (0.1319)	−0.0598 (0.3489)
年份虚拟变量 × Dev_lev	是	是	是	是	是	是	是	是	是

续表

变量	模型（4.2b）			模型（4.7a）			模型（4.7b）		
	全样本	杠杆率＜目标值	杠杆率＞目标值	全样本	杠杆率＜目标值	杠杆率＞目标值	全样本	杠杆率＜目标值	杠杆率＞目标值
	ΔLeverage	ΔLeverage	ΔLeverage	ΔLeverage	ΔLeverage	ΔLeverage	ΔLeverage	ΔLeverage	ΔLeverage
截距项	0.0073**	0.0005	0.0427***	0.0086**	−0.0022	0.0401***	−0.1978***	−0.1058	−0.0747
	(0.0026)	(0.0037)	(0.0059)	(0.0029)	(0.0043)	(0.0042)	(0.0178)	(0.0997)	(0.0976)
样本数	1 037	569	468	1 037	569	468	1 037	569	468
调整 R^2	0.3486	0.1958	0.3876	0.3656	0.2168	0.4166	0.3713	0.2289	0.4164

注：ΔLeverage 表示资本结构调整值，ΔLeverage = 当期杠杆率 − 上期实际杠杆率；Dev_lev 为资本结构偏离，Dev_lev = 目标杠杆率 − 上期实际杠杆率；dual 为董事长与总经理兼任虚拟变量，兼任为 1，否则为 0；board_size 为董事会规模，用董事会人数表示；board_indep 为董事会独立性，用独立董事占比表示；board_share 为董事会持股比；board_compen 为高管薪酬，用高管、监事、高级管理人员前三名薪酬总额的对数表示；ownership_state 为国有股占比；ownership_institute 为机构持股占比。括号中为稳健估计的标准差。***、**、* 分别表示在 1%、5%、10% 的水平上显著。

表 4-11 稳健性检验结果（使用 Difference GMM 估计）

变量	模型（4.2b） 全样本 ΔLeverage	模型（4.2b） 杠杆率<目标值 ΔLeverage	模型（4.2b） 杠杆率>目标值 ΔLeverage	模型（4.7a） 全样本 ΔLeverage	模型（4.7a） 杠杆率<目标值 ΔLeverage	模型（4.7a） 杠杆率>目标值 ΔLeverage	模型（4.7b） 全样本 ΔLeverage	模型（4.7b） 杠杆率<目标值 ΔLeverage	模型（4.7b） 杠杆率>目标值 ΔLeverage
Dev_lev	0.2364*** (0.0372)	0.1934*** (0.0222)	0.3724*** (0.0541)	0.7054*** (0.0546)	-0.0358 (0.1739)	1.7743*** (0.2399)	0.9164*** (0.1032)	0.1307 (0.4471)	1.1908* (0.5503)
dual							-0.0039 (0.0138)	-0.0530 (0.0302)	-0.0120 (0.0088)
board_size							-0.0012 (0.0007)	0.0013 (0.0014)	-0.0030 (0.0029)
board_indep							0.0183 (0.0323)	0.0171 (0.1079)	0.1708** (0.0456)
board_share							-0.0648** (0.0164)	0.0522 (0.0586)	-0.0392 (0.0344)
boar_compen							0.0175*** (0.0015)	0.0017 (0.0087)	0.0090 (0.0104)
ownership_state							0.0108 (0.0068)	-0.0154** (0.0049)	-0.0059 (0.0237)
ownership_institute							0.0058 (0.0183)	0.0522 (0.0270)	0.0077 (0.0701)

续表

变量	模型 (4.2b) 全样本 ΔLeverage	模型 (4.2b) 杠杆率<目标值 ΔLeverage	模型 (4.2b) 杠杆率>目标值 ΔLeverage	模型 (4.7a) 全样本 ΔLeverage	模型 (4.7a) 杠杆率<目标值 ΔLeverage	模型 (4.7a) 杠杆率>目标值 ΔLeverage	模型 (4.7b) 全样本 ΔLeverage	模型 (4.7b) 杠杆率<目标值 ΔLeverage	模型 (4.7b) 杠杆率>目标值 ΔLeverage
dual × Dev_lev				0.1246 (0.0800)	0.1926 (0.1671)	0.0669 (0.0705)	0.1337* (0.0647)	0.3701 (0.2471)	0.0298 (0.0858)
board_size × Dev_lev				0.0118* (0.0049)	0.0107 (0.0068)	0.0233** (0.0088)	0.0131* (0.0057)	0.0073 (0.0093)	0.0134 (0.0161)
board_indep × Dev_lev				0.3186 (0.1982)	0.1597 (0.2085)	0.3214 (0.1980)	0.3035 (0.1963)	0.0906 (0.3790)	0.8394** (0.2089)
board_share × Dev_lev				−0.1718 (0.1453)	−0.0724 (0.1498)	1.8843*** (0.1817)	−0.0866 (0.1619)	−0.1781 (0.2684)	1.5649*** (0.3367)
board_compen × Dev_lev				−0.0527*** (0.0098)	0.0022 (0.0150)	−0.1320*** (0.0244)	−0.0689*** (0.0111)	−0.0067 (0.0241)	−0.0942 (0.0473)
ownership_state × Dev_lev				−0.0640 (0.0380)	0.0199 (0.0437)	−0.1254** (0.0455)	−0.0649 (0.0356)	0.0597 (0.0541)	−0.1565* (0.0707)
ownership_institute × Dev_lev				0.0018 (0.1244)	0.0487 (0.0546)	−0.0255 (0.1962)	−0.0131 (0.1321)	−0.0958 (0.1155)	0.0062 (0.3161)
年份虚拟变量 × Dev_lev	是	是	是	是	是	是	是	是	是

续表

变量	模型 (4.2b)			模型 (4.7a)			模型 (4.7b)		
	全样本	杠杆率 < 目标值	杠杆率 > 目标值	全样本	杠杆率 < 目标值	杠杆率 > 目标值	全样本	杠杆率 < 目标值	杠杆率 > 目标值
	ΔLeverage	ΔLeverage	ΔLeverage	ΔLeverage	ΔLeverage	ΔLeverage	ΔLeverage	ΔLeverage	ΔLeverage
截距项	0.0077** (0.0027)	0.0025 (0.0040)	0.0440*** (0.0051)	0.0090** (0.0030)	−0.0003 (0.0043)	0.0408*** (0.0034)	−0.2309*** (0.0175)	−0.0387 (0.1260)	−0.1146 (0.1274)
样本数	1 037	569	468	1 037	569	468	1 037	569	468
调整 R^2	0.3299	0.1702	0.3703	0.3438	0.1860	0.4026	0.3511	0.1902	0.4000

注：ΔLeverage 表示资本结构调整值，ΔLeverage = 当期杠杆率 − 上期实际杠杆率；Dev_lev 为资本结构偏离，Dev_lev = 目标杠杆率 − 上期实际杠杆率；dual 为董事长与总经理兼任虚拟变量，兼任为 1，否则为 0；board_size 为董事会规模，用董事会人数表示；board_indep 为董事会独立性，用独立董事占比表示；board_share 为董事会持股比；board_compen 为高管薪酬，用董事、监事、高级管理人员前三名薪酬总额的对数表示；ownership_state 为国有股占比；ownership_institute 为机构持股比。***、**、* 分别表示在 1%、5%、10% 的水平上显著。括号中为稳健估计的标准差。

第六节　本章小结

本章以资本结构动态权衡理论为依据,以中国能源类上市企业为研究对象,研究了公司治理如何影响其资本结构动态调整的问题。

数据表明,我国能源类上市企业与其他行业上市企业有显著差异。能源类企业拥有显著更高的杠杆率。由于负债会对经理人产生约束,由此产生的代理冲突会使经理人倾向于过慢地增加负债,即向上调整速度将慢于最优速度,以及过快地减少负债,即向下调整速度将快于最优速度。以往文献在研究时虽然对企业向上调整和向下调整进行了区分,但更集中于探讨公司治理如何使企业增加负债(Morellec et al.,2012)。在能源企业已经拥有较高杠杆率的情况下,本章更为关注公司治理如何影响企业减少负债,即向下调整的作用。

基准模型结果显示,当不考虑公司治理机制时,能源类上市公司平均资本调整速度为35.22%,其中向上调整的平均速度为30.07%,向下调整的平均速度为54.49%。拓展模型结果显示,考虑公司治理机制后,能源类上市公司整体调整速度明显放缓,尤其是向下调整的速度,下降至40%左右。

回归结果表明,公司治理机制对我国能源企业向下调整速度有着明显的作用。其中,国有股占比和高管薪酬的增加能够显著抑制向下调整速度,但董事会规模、独立董事比例、董事会持股比的增加却有着负向作用,会进一步刺激向下调整速度的加快。整体而言,公司治理缓和了能源企业内的代理冲突,使过快的向下调整速度趋缓。

第五章
能源上市企业公司治理与股利分配决策

第一节 引　　言

本书第四章探讨了能源企业的融资决策，企业在进行融资并获得所需资本后即可开展生产经营活动并获取营业收入。企业的营业收入属于其所有者，在扣除相应生产成本、税费、偿还债务及支付债权人利息后，应当对剩下的盈余进行分配。从股东的角度出发，他们出资对企业进行投资，因而希望得到合理的投资回报；从企业管理层的角度出发，他们需要留存足够的盈余作为企业未来发展的资本。因此一部分盈余作为股利，以现金的形式支付给公司股东，成为他们的投资回报，余下的部分成为企业留存收益，用来进行投资活动。如何对企业盈余进行分配，向股东发放多少股利，又留存多少收益，也是企业重要的财务决策之一。

那么问题随之而来，能源企业积累了大量的自由现金流，他们能否向股东发放匹配且平稳的股利？相较其他行业，能源类上市企业普遍规模更大，自由现金流充沛，负债率更高，更加成熟，且能源行业本身具有战略政策意义和一定的垄断性质。这些行业差别使得能源类上市企业与其他企业在股利发放方面的要求和特征可能有所不同。

国外发达资本市场的经验表明，拥有丰富自由现金流的成熟企业宜采取稳定的现金股利发放政策（Allen and Michaely，2003），因为平稳的股利发放能够持续有效地消耗自由现金流，并使企业转向外部融资，增加外部监督，降低代理成本（Easterbrook，1984）。我国针对上市企业的股利发放制定了"半强制分红"政策，用于约束企业的股利发放水平，由于该政策将股利发放水平与再融资资格挂钩，导致企业在完成再融资需求后股利发放意愿明显降低，影响股利发放的平稳性（余琰和王春飞，2014）。但纵观以往文献，研究更多地关注股利支付水平高低及股利支付倾向，对股利发放平稳性的讨论仍显不足（刘星和陈名芹，2016），而且学界对现金股利平稳性的影响因素也没有形成一致的结论（Leary and Michaely，2011）。

因此本章研究对象仍然定位于能源类上市企业，探讨公司治理如何影响我国能源上市企业现金股利的平稳性。具体而言，我们以林特纳（1956）及法玛和巴比亚克（Fama and Babiak，1968）的局部调整模型为出发点，改进回归方法，使用动态面板估计法计算股利调整速度（Speed of Adjustment，SOA）以衡量现金股利平稳性。随后本章将公司治理变量纳入回归模型中以查看各具体公司治理机制对股利平稳性的影响。

相较于以往文献，本章的贡献在于：第一，研究了公司治理对股利发放平稳性的影响机制，丰富了公司治理和股利发放理论；第二，使用更合理的回归方法，得到更稳健的回归结果，改进了文献中关于现金股利平稳性的衡量；第三，以能源企业为研究对象，结论更具针对性，政策建议更切实际，为经济转型和能源转型做出积极贡献。

本章安排如下：第二节梳理理论并提出研究假设；第三节详细论述模型的构造；第四节解释数据及变量；第五节展示实证结果并给出相应分析；第六节总结本章结论。

第二节　研究假设

一、能源企业调整速度与平稳性

林特纳（1956）对 28 家上市公司进行问卷调查，结果表明，经理人认为市场对执行稳定股利分配的企业有溢价，因此他们十分注重股利发放的平稳性，企业并不是每次都制订新的股利分配方案，而是首先思考是否有必要在上一次分配的方案上修改，当认定确有修改的必要时才会考虑更改分配方案。许多研究也都证实，发达国家资本市场的上市企业确实发放稳定的股利（Fama and Babiak，1968；Allen and Michaely，2003；Brav et al.，2005；Andres et al.，

2015)。布拉夫等（2005）发现一些经理人为了防止降低股利发放水平，宁愿使用外部资本或放弃投资净现值为正的项目。利里和迈克利（2011）的结论也表明，现今美国上市企业的股利支付较20世纪初平稳许多。

另有一些研究表明，新兴市场上市企业的股利支付不具稳定性（Glen et al.，1995；Aivazian et al.，2003；Ben Naceur et al.，2006）。李茂良等（2014）也指出我国上市企业的现金股利支付水平不平稳，波动性较大。究其原因，艾瓦齐安等（2003）认为这是由银行在新兴市场中的主导作用所导致的。我国金融系统长期以来以银行为主，银行贷款是上市企业重要的融资方式之一。尤其对于能源企业而言，对银行高度依赖，一些回收周期长的项目资金来源多为银行贷款（李世君，2017），且能源行业具有显著的战略政策性和更高的国有法人持股特征，银行也更倾向于对政治关联更强的国有企业发债（毛新述和周小伟，2015）。那么对于能源上市企业而言，通过稳定的现金股利发放，向资本市场投资者传达盈余和企业发展信息的需求可能较低。基于此本章提出第一个假设：

假设5.1：我国能源类上市企业股利支付的平稳性较差。

二、公司治理和能源企业现金股利平稳性

伊斯特布鲁克（1984）和詹森（1986）指出，发放平稳的现金股利可以持续稳定地消耗企业内部的自由现金流，促使企业增加外部资本来满足融资需求，从而不得不接受市场的监督，有助于缓解股东与经理人之间的委托代理成本问题。迪安杰洛和迪安杰洛（2007）也指出，稳定的现金股利可以增加企业的外部股权融资，限制内部自由现金流，达到控制代理成本的作用。利里和迈克利（2011）将代理冲突纳入股利平稳性的研究框架中，他们的结果表明代理成本较高的企业更倾向于平稳地发放现金股利。

以上理论和实证研究均表明平稳的股利发放对于控制由自由现金流引发的代理成本很有成效。对于我国能源上市公司这类自由现金流充沛、具有战略政策性并且相对成熟的企业而言，平稳的股利发放显得尤为重要。那么同样作为降低代理成本的公司治理机制，两者之间是存在替代效应，彼此之间是负相关？还是会进一步促进能源企业内现金股利发放的平稳性？为解答这一问题，本章

选取与上一章相同的公司治理变量，包括董事会机制和股权结构两个方面，查看各具体公司治理机制对现金股利平稳性的影响。

董事会机制方面，董事会被认为是企业的决策机构，拥有任命和监督企业总经理的职能，当企业总经理与董事长由同一人担任时，虽然有缩短决策制定过程的好处，但少了有效的监督机制，两职合一将会更有可能造成管理防御从而增加代理成本（Shleifer and Vishny，1989）。董事会规模和独立性方面，文献建议最佳水平为8人或9人（Lipton and Lorsch，1992），数据表明能源类上市企业的董事会成员平均为10人，董事会人数过多会增加沟通成本，易得到折中而非最佳的决策，引发效率低下和代理成本增加（Cheng，2008）。独立董事设置的初衷是为了代表中小股东利益，行使监督职能并与其他董事一起制订企业发展、薪酬等计划。但事实上我国的一些独立董事在行使其职能时仍然比较"谨慎"，只是在程序上起到独立董事作用，无法起到降低代理成本的作用（李启明，2016）。尤其对于能源类上市企业而言，企业政策的制定受其战略地位的影响，更偏重谨慎和保守的方案。因此本章认为董事会规模的扩大和独立性的增强会增加代理成本，但与股利发放平稳性之间是替代效应还是互补作用，有待本章检验。若它们之间互为替代效应，董事会规模和独立性的增加会进一步加强股利发放的平稳性；若为互补效应，则会减少平稳性。

高管薪酬和董事会持股比被用来表示激励机制。我国能源类上市企业激励政策覆盖面少，董事会持股比和高管薪酬的水平都较低。刘星等（2016）的研究表明，我国股权激励计划与股利发放平稳性呈替代效应，显示出负向关系，尤其在发放水平较低的企业和国有企业中更加明显。因此本章参照他们的结论，认为激励机制会与股利平稳性呈负向关系。

综上所述，本章针对董事会机制提出如下假设：

假设5.2：我国能源类上市企业内，董事长与总经理兼任会加剧代理成本，若与平稳股利发放呈替代作用则会增强股利平稳性，若为互补作用则会降低股利发放平稳性。

假设5.3：我国能源类上市企业内，董事会中规模增加会加剧代理成本，若与平稳股利发放呈替代作用则会增强股利平稳性，若为互补作用则会降低股利发放平稳性。

假设5.4：我国能源类上市企业内董事会中独立董事比例提高会加剧代理成

本，若与平稳股利发放呈替代作用则会增强股利平稳性，若为互补作用则会降低股利发放平稳性。

假设 5.5：我国能源类上市企业内激励机制与股利平稳性存在替代效应，激励机制与股利平稳性呈负向关系。

股权结构方面，能源企业由于准入门槛高、资本需求大，因而被大量国有法人持股。因为能源具有重要的战略地位，国有股参与公司治理的目标之一就是保障能源供应的安全，所以会更注重能源企业健康、稳定地发展，因此本章认为国有股的增加将会增强能源企业现金股利发放的稳定性。机构投资者被认为能够提供更好的监督，从而降低代理成本（Guercio and Hawkins，1999）。以往文献也证实，我国机构投资者持股有利于企业的有效治理，减少了代理成本（翁洪波和吴世农，2007）。但机构投资者与现金股利平稳性之间的关系并不明确。艾伦等（Allen et al.，2000）指出，机构投资者有能力对经理人擅自削减股利水平施以惩罚，因此经理人被迫采用平稳的股利支付，两者之间为互补关系。利里和迈克利（2011）的研究也表明机构投资者持股的增加与股利发放平稳性呈互补关系，能够进一步增强平稳性。拉波塔等（2000）则表明机构投资者与股利平稳性均可以降低代理成本，彼此是替代关系。因此本章认为机构持股比的增加可以降低代理成本，但与股利发放平稳性之间是替代效应，即机构投持股比增加会降低股利发放平稳性，还是互补作用，即会促进股利发放平稳性，有待本章进行实证考察。针对股权结构的假设总结如下：

假设 5.6：我国能源类上市企业内国有股占比增加将增强股利平稳性。

假设 5.7：我国能源类上市企业内机构投资者持股比增加会降低代理成本，若与平稳股利发放呈替代作用则会降低股利平稳性，若为互补作用则会增强股利发放平稳性。

第三节 研究设计

本节以林特纳（1956）构造的局部股利调整模型为基础，参照法玛和巴比亚克（1968）及布拉夫等（2005）提出的改进方法，估计能源企业现金股利发放的调整速度 SOA，并用该速度衡量股利分配的平稳性。调整速度越快表示平稳性越差，反之亦然。随后本章建立模型探讨公司治理如何影响能源企业现金股利发放的平稳性。

一、股利分配平稳性衡量

林特纳（1956）用企业现金股利的调整速度 SOA 来衡量股利支付平稳性，他的估计方程形式为：

$$\Delta D_{it} = D_{it} - D_{i,t-1} = \alpha + \gamma(D_{it}^* - D_{i,t-1}) + \varepsilon_{it} \tag{5.1}$$

其中 D_{it} 为企业 i 第 t 期的实际股利支付水平，D_{it}^* 表示目标股利支付，参数 γ 即为股利支付调整速度 SOA。目标股利支付的表达式为 $D_{it}^* = TPR_i \times E_{it}$，式中，$TPR_i$ 为企业 i 第 t 期的目标股利支付率，一些文献使用企业样本期股利支付率的中位数进行衡量（Leary and Michaely，2011），E_{it} 为企业 i 第 t 期的收益，一般用净利润表示。将目标股利支付的表达式代入模型（5.1）可得：

$$\Delta D_{it} = D_{it} - D_{i,t-1} = \alpha + \gamma(TPR_i \times E_{it} - D_{i,t-1}) + \varepsilon_{it} = \alpha + \gamma TPR_i \times E_{it} - \gamma D_{i,t-1} + \varepsilon_{it} \tag{5.2}$$

变换参数形式可得：

$$D_{it} = \alpha + \omega D_{i,t-1} + \beta E_{it} + \varepsilon_{it} \tag{5.3}$$

其中 $\omega = 1 - \gamma$，$\beta = \gamma \times TPR_i$。法玛和巴比亚克（1968）修正了林特纳（1956）的模型，他们假定企业预期收益增长率为 λ_i，即 $E_{it} = (1 + \lambda_i) \times E_{i,t-1} + \delta_{it}$，企业对预期增长的部分 $\lambda_i E_{i,t-1}$ 进行完全调整，即调整速度视为 1，而对剩余部分 $E_{it} - \lambda_i E_{i,t-1}$ 进行部分调整，目标股利支付的表达式仍为 $D_{it}^* = TPR_i \times E_{it}$，因此可得：

$$\Delta D_{it} = \alpha + \gamma \times [TPR_i \times (E_{it} - \lambda_i E_{i,t-1}) - D_{i,t-1}] + 1 \times TPR_i \times \lambda_i E_{i,t-1} + \varepsilon_{it} \tag{5.4}$$

类似地，变换参数可得：

$$D_{it} = \alpha + \omega D_{i,t-1} + \beta_1 E_{it} + \beta_2 E_{i,t-1} + \varepsilon_{it} \tag{5.5}$$

其中 $\omega = 1 - \gamma$，$\beta_1 = \gamma \times TPR_i$，$\beta_2 = (1 - \gamma) \times \lambda \times TPR_i$。在模型（5.5）的

基础上，本章加入控制年份、行业及企业固定效应，得到方程（5.6）：

$$D_{it} = \alpha + \omega D_{i,t-1} + \beta_1 E_{it} + \beta_2 E_{i,t-1} + t.\text{year} + n.\text{industry} + F_i + \varepsilon_{it} \quad (5.6)$$

其中 t. year 表示年份虚拟变量，t = 2005…2016，若该样本属于第 t 年值为 1，否则为 0。n. industry 的构造方法类似 t. year，用于表示行业虚拟变量，分别对能源行业内 6 个细分行业进行控制，F_i 为企业固定效应。但是布拉夫等（2005）强调林特纳（1956）模型所使用的股利支付水平已不适用于当前市场，根据调查数据显示，高达 40% 的首席财务官更关注每股股利的水平，而不是股利发放绝对水平。因此本章对模型（5.6）进行回归时以企业 i 第 t 期的每股股利刻画因变量 D_{it}，E_{it} 则使用企业 i 第 t 期的每股收益。

回归方法上，林特纳（1956）对每个企业进行一阶自回归 [AR（1）] 以得到调整速度，但这会造成模型参数估计结果向上偏误。利里和迈克利（2011）进一步指出，偏误值将随着调整速度的减小，即股利发放趋于稳定而增大。这是因为随着调整速度的降低，股利支付率的变化变小，从而会增大调整速度估计值的标准误。若使用面板固定效应对所有企业一起估计，则会产生向下的偏误，这是因为模型（5.6）右边包含因变量的一阶滞后项，数据集为动态面板形式，因此采用动态面板的回归方法才更恰当（李茂良等，2014；Andres et al.，2015）。

阿雷拉诺和邦德（Arellano and Bond，1991）提出利用广义矩估计方法对动态面板回归模型进行拟合，该方法被称为"差分广义矩估计（difference GMM）"。布伦德尔（Blundell）和邦德（1998）在此基础上提出系统广义矩估计法（system GMM）。系统广义矩估计法方法用于处理时间跨度远小于截面样本数，且回归变量含有因变量滞后项，同时自变量并不严格外生的动态面板数据，该方法以一阶差分、滞后项和外生变量作为工具变量，并同时估计水平值方程和差分方程，以消除内生性影响得到参数的一致估计。本章使用该回归方法时，同时还汇报了相应统计量以证实估计结果的有效性（Hansen，1982）。

综上所述，本章在对股利平稳性进行衡量时参照任有泉（2006）、利里和迈克利（2011）的模型设定，以每股现金股利代替股利发放作为因变量，并遵循李茂良等（2014）及安德烈斯等（2015）的回归策略，使用系统广义矩估计（system GMM）方法进行动态面板回归，以得到参数的一致估计值。

二、公司治理对股利分配平稳性的影响

本部分建立模型讨论公司治理对能源企业股利发放平稳性的影响。林特纳（1956）在文章中虽然认可每个企业的调整速度不同，但是他认为每个企业的调整速度在时间上是稳定不变的，这一假定过于严苛。因此本章参照法玛和弗兰奇（2002）、利里和迈克利（2011）及李茂良等（2014）对股利平稳性影响因素的讨论，引入中国市场特有变量，将调整速度设定为可变的。为与模型（5.6）设定一致，我们对 ω_{it} 进行建模，其决定过程如模型（5.7）所示。

$$\omega_{it} = \theta + \beta_X X_{it} + \beta_{policy} Policy_{it} + \beta_{CG} CG_{it} + \eta_{it} \tag{5.7}$$

其中 $\omega_{it} = 1 - \gamma_{it}$，$\gamma_{it}$ 为企业 i 第 t 期的调整速度，ω_{it} 为模型（5.6）中每股现金股利滞后一阶的回归参数，X_{it} 包含一系列刻画市场摩擦的变量，具体有企业规模、企业年龄（Harris and Raviv, 1991；Frank and Goyal, 2003；Lemmon and Zender, 2010）、企业股票收益及波动性（Brennan and Subrahmanyam, 1996；O'Hara, 2003）、市值与账面价值比（Jensen, 1986；Fama and French, 2002）以及分析师相关追踪数据（Leary and Michaely, 2011；李茂良等, 2014）。$Policy_{it}$ 包括两个虚拟变量：一个表示样本是否属于 2007 年及以后，是则为 1，否则为 0。该虚拟变量用于反映企业是否属于新会计准则适用时期（李茂良等, 2014；Andres et al., 2015；刘星和陈名芹, 2016）。另一个表示是否跨市场上市，是则为 1，否则为 0（李茂良等, 2014）。CG_{it} 包含一系列公司治理变量，利里和迈克利（2011）采用冈珀斯等（Gompers et al., 2003）提出的公司治理指数以刻画代理问题，国内相关公司治理指数的研究可见南开大学的"中国上市公司治理指数"（CCGI），但由于该数据的可得性问题，本章此处仍采用与第四章相同的研究路径，引入董事会和股权结构相关变量以衡量公司治理机制，并对相应变量的作用进行定量分析，β_X、β_{policy}、β_{CG} 为对应的参数向量。具体变量构造及解释可见本章第四章。将模型（5.7）代入模型（5.6）可得到考虑公司治理影响的调整速度回归方程，为确定公司治理整体对能源类上市企业现金股利平稳性的影响，分别采用如下两个回归模型进行回归：

$$D_{it} = \alpha + \theta D_{i,t-1} + (\beta_X X_{it} + \beta_{policy} \text{Policy}_{it}) D_{i,t-1} + \beta_1 E_{it}$$
$$+ \beta_2 E_{i,t-1} + F_i + t.\text{year} + n.\text{industry} + \mu_{it} \quad (5.8a)$$

$$D_{it} = \alpha + \theta D_{i,t-1} + (\beta_X X_{it} + \beta_{policy} \text{Policy}_{it} + \beta_{CG} CG_{it}) D_{i,t-1}$$
$$+ \beta_1 E_{it} + \beta_2 E_{i,t-1} + F_i + t.\text{year} + n.\text{industry} + \mu_{it} \quad (5.8b)$$

其中 F_i、t. year 和 n. industry 分别代表企业固定效应、年份效应及行业效应，与前文设定一致。交互项系数 β_X、β_{policy}、β_{CG} 代表对应参数向量，其中元素分别表示各变量对 ω_{it} 的影响。值得注意的一点是，由于调整速度 γ_{it} 等于 $1-\omega_{it}$，因此参数 β_X、β_{policy}、β_{CG} 的拟合值若显著为正，则表明会降低现金股利的调整速度，提高股利发放的稳定性，反之亦然。由于存在交互项，参数 θ 的拟合值不能完全代表企业的调整速度，因此本章利用其他协变量的均值计算 $D_{i,t-1}$ 的边际效应来确定能源类上市企业的调整速度。

第四节　数据及变量

本节叙述数据来源、数据处理并展示描述性统计。本章所使用数据来源和样本与第四章相同，市场摩擦数据、政策性数据及公司治理数据均使用 CSMAR 数据库进行识别，样本跨度为 2005~2016 年，能源类上市公司为参照证监会发布的《上市公司行业分类》（2012 年修订）所选取，具体行业分布可见本书第三章第一节的讨论。数据处理时，参照刘星和陈名芹（2016）、利里和迈克利（2011）和安德烈斯等（2015），剔除已终止上市的企业，剔除 ST 股和未完成股改的 S 股，所有数据均进行上下 1% 缩尾（winsorize）处理。此外，利里和迈克利（2011）在文章中建议只保留分红超过 10 年的企业，但由于我国资本市场历史较短，以往研究中陈名芹（2016）及任有泉（2006）均采用支付红利不少于 5 年的企业，因此本章也将样本限定为至少支付 5 年红利的企业，最终得到 124 家能源类上市公司，共 1 363 个样本，各变量名称、解释及构造可见表 5-1，具体描述性统计见表 5-2。

表 5–1 变量解释及构造

变量名称	变量解释	变量构造
\multicolumn{3}{c}{股利分配及盈余数据（元）}		
cd_bt	税前每股现金股利	每股派息税前
eps	每股收益	净利润本期值÷实收资本本期期末值
\multicolumn{3}{c}{市场摩擦数据}		
firm_size	企业规模	ln（企业总资产）
firm_age	企业年龄	当年－企业成立年份
roa	资产收益率	企业净利润÷资产总计
lev	杠杆率	负债总计÷资产总计
mb	市账比	总市值÷资产总计（其中市值=（总股本－境内上市的外资股B股）×今收盘价A股当期值+境内上市的外资股B股×B股今收盘价当期值×当日汇率）
tan_asst	有形资产比率	有形资产总额÷资产总计
ana	分析师关注度	ln［分析师关注人数（以团队为单位）+1］
\multicolumn{3}{c}{中国资本市场政策数据}		
accstan	是否实施新会计准则	数据出现在2007年（含）及以后标记为1（实施），否则标记为0（未实施）
cross	是否跨市场上市	企业在B股或H股市场同时上市则标记为1是，否则标记为0不是
\multicolumn{3}{c}{公司治理数据}		
dual（%）	董事长与总经理兼任	董事长总经理为同一人则为1，否则0
board_size	董事会规模	董事会总人数
board_indep（%）	董事会独立性	独立董事占董事会成员比率
board_share（%）	董事会持股比	董事会持股数÷总股数
boar_compen	高管薪酬	董事、监事及高管前三名薪酬总额，取对数
ownership_state（%）	国有股占比	国有股÷总股数
ownership_institute（%）	机构持股比	（境内发起人法人股股数+境外发起人法人股股数+募集法人股股数+基金配售股数+一般法人配售数）÷总股数

表 5-2　　能源企业股利分配、市场摩擦及公司治理描述性统计

变量名称	样本数	均值	标准差	最小值	最大值
股利分配及盈余数据（元）					
cd_bt	1 363	0.0997	0.1474	0.0000	0.7900
eps	1 363	0.3068	0.5176	-1.1108	2.1983
市场摩擦数据					
firm_size	1 363	22.5907	1.5143	19.1937	25.7349
firm_age	1 363	20.2135	4.3753	8.0000	30.0000
roa	1 363	0.0283	0.0597	-0.2376	0.1954
lev	1 363	0.5709	0.1884	0.0470	1.0758
mb	1 363	1.3611	1.4530	0.2129	11.6362
tan_asst	1 363	0.9476	0.0665	0.5556	1.0000
ana	1 363	1.3027	1.1424	0.0000	3.6636
中国资本市场政策数据					
accstan	1 363	0.8518	0.3554	0.0000	1.0000
cross	1 363	0.1291	0.3355	0.0000	1.0000
公司治理数据					
dual（%）	1 363	8.66	28.13	0.00	100.00
board_size	1 349	10.1001	2.2754	5.0000	15.0000
board_indep（%）	1 348	35.78	4.53	28.57	57.14
board_share（%）	1 254	0.85	4.99	0.00	54.04
boar_compen	1 351	13.9148	0.6872	11.9644	16.0602
ownership_state（%）	1 363	20.09	24.42	0.00	71.15
ownership_institute（%）	1 363	6.79	14.74	0.00	75.00

由表 5-2 可以看出，平均而言，能源类上市企业每股派现 0.0997 元，每股收益 0.3068 元，派现金额约占每股收益的 1/3。每股现金股利的标准差小于每股收益，说明我国能源上市企业的股利波动小于盈余波动。类似于第四章的处理，附表 6 附上非能源行业（除金融类外）的相应数据，数据显示平均而言，

非能源企业每股派现 0.0975 元, 每股收益 0.3354 元。对比可知, 能源类上市企业每股收益值略低, 但每股现金股利发放水平则略高[①]。市场摩擦数据和政策数据方面, 能源企业有着更大的规模和更久的经营时间, 这与能源企业多为资本密集型成熟企业相符合。表示盈利能力的资产收益率和市账比数据与每股收益一致, 能源企业都略逊一筹。杠杆率和公司治理数据与第四章描述统计相似, 能源企业有更高的杠杆水平; 董事长与总经理两职合一比例更低, 董事会成员人数稍多, 独立董事占比、高管薪酬和董事会持股比均低于非能源行业。股权结构方面, 能源类上市企业有着更高的国有股占比和更少的机构持股比, 符合国家主导特征。

第五节 实证结果及分析

本节对实证结果进行整理并汇报。股利平稳性的衡量采用了林特纳 (1956) 和法玛和巴比亚克 (1968) 的局部调整模型, 并使用系统广义矩估计的回归方法 (李茂良等, 2014; Andres et al., 2015), 该方法可得到能源类上市企业现金股利调整速度的一致估计。在探究公司治理如何影响股利发放平稳性时, 本章构造各公司治理机制与现金股利滞后项的交互项, 并放入局部调整模型, 交互项系数即代表各机制的影响。

一、股利分配平稳性回归结果

根据模型 (5.6) 的设定, 此处我们同时汇报混合最小二乘回归 (Pooled OLS)、面板固定效应回归 (FE) 及动态面板系统广义矩回归 (System GMM) 结果, 并计算出相应调整速度和目标支付率, 结果一并总结于表 5-3。

---

① 此处与 0 样本筛选原则不同, 因此对比结果也不尽相同。

表 5-3　　　　　　　　企业股利分配调整速度回归结果

变量	模型 (5.6) Pooled OLS cd_bt (1)	模型 (5.6) FE cd_bt (2)	模型 (5.6) System GMM cd_bt (3)
L. cd_bt	0.3538*** (0.0449)	0.1747*** (0.0603)	0.2432*** (0.0547)
eps	0.0396*** (0.0095)	0.0349*** (0.0082)	0.1376*** (0.0204)
L. eps	0.1050*** (0.0174)	0.1108*** (0.0124)	0.0887*** (0.0169)
年份及行业固定效应	是	是	是
截距项	0.0436*** (0.0055)	0.0545*** (0.0146)	-0.0038 (0.0169)
AR (1)			[0.000]
AR (2)			[0.058]
Hansen 统计量			[0.960]
样本数	1 217	1 217	1 217
调整 R^2	0.6185	0.3650	
企业数		124	124
调整速度 (%)	64.62	82.53	75.68
目标支付率 (%)	6.13	4.23	18.18

注:"L."代表滞后一期; cd_bt 为税前每股现金股利; eps 为每股收益。根据前文模型, 平均调整速度 $\gamma = 1 - \omega$, ω 为 L. cd_bt 的回归系数, 平均目标支付率 $TPR = \frac{\beta}{\gamma}$, β 为当期 eps 的回归系数。***、**、*分别表示在 1%、5%、10% 的水平上显著, ( ) 中为稳健标准差, [ ] 中为 p 值。AR (1) 和 AR (2) 分别表示残差的一次差分项是否存在一阶和二阶序列自相关, 原假设均为不存在自相关, Hansen 统计量为检验是否存在工具变量过度识别, 原假设为工具变量无过度识别。

由表 5-3 可见, 回归系数均在 1% 显著性水平上显著, 第一行参数拟合值的相对大小印证了混合最小二乘会出现参数估计值向上偏误 (Leary and Michaely, 2011; Andres et al., 2015), 而面板固定效应回归会得到向下的偏误 (Nickell, 1981; Andres et al., 2015)。第 (3) 列相关统计量表明系统广义矩估计的回归结果的可靠性,因此本章以第(3)列的回归为准进行解释,表5-3显示能源上市企业的平均调整速度为75.68%。以往文献显示欧美等发达国家的调整速度介于20%~45%(Lintner,1956;Fama and Babiak,1968;Khan,2006;Andres et al.,2015),新兴市场企业的调整速度相对较高,介于40%~90%(Aivazian et al.,2003),我国上市企业股利调整速度的估计结果为72.2%~125%(吕长江和王克敏,1999;任有泉,2006;李茂良等,2014)。对比本章得到的75.68%,可以看出我国能源类上市企业现金股利调整速度较快,显示出强烈的不平稳性,故假设5.1得到印证。

二、公司治理对股利分配平稳性的影响

本部分汇报基于模型(5.8)的回归结果,以探讨公司治理如何影响股利分配平稳性。根据前文所述,此处我们关注交互项系数 β_{CG} 的估计值。由模型(5.7)的设定和参数之间的关系可知,若交互项系数显著为正,则代表该变量能显著降低股利调整速度,提高股利发放的平稳性,反之亦然。采用混合最小二乘、面板固定效应与系统广义矩估计法的结果如表5-4所示。

表5-4　　公司治理对现金股利平稳性的影响

变量	模型(5.8a) Pooled OLS cd_bt (1)	模型(5.8a) FE cd_bt (2)	模型(5.8a) System GMM cd_bt (3)	模型(5.8b) Pooled OLS cd_bt (4)	模型(5.8b) FE cd_bt (5)	模型(5.8b) System GMM cd_bt (6)
L.cd_bt	-0.9035** (0.2347)	-0.9037 (0.7348)	-0.8671 (0.8244)	-2.0162*** (0.4292)	-2.7960*** (0.8819)	-2.1487* (1.2233)
eps	0.0233*** (0.0050)	0.0144* (0.0081)	0.1015*** (0.0207)	0.0219*** (0.0047)	0.0128 (0.0083)	0.0840*** (0.0169)
L.eps	0.1014*** (0.0166)	0.1038*** (0.0120)	0.1014*** (0.0160)	0.1006*** (0.0135)	0.1026*** (0.0124)	0.1189*** (0.0155)
firm_size × L.cd_bt	0.0404** (0.0156)	0.0475* (0.0269)	0.0495* (0.0282)	0.0127 (0.0186)	0.0125 (0.0366)	0.0158 (0.0356)

续表

变量	模型（5.8a） Pooled OLS cd_bt (1)	模型（5.8a） FE cd_bt (2)	模型（5.8a） System GMM cd_bt (3)	模型（5.8b） Pooled OLS cd_bt (4)	模型（5.8b） FE cd_bt (5)	模型（5.8b） System GMM cd_bt (6)
firm_age × L.cd_bt	-0.0052 (0.0078)	0.0108 (0.0079)	-0.0080 (0.0078)	-0.0094 (0.0093)	0.0067 (0.0098)	-0.0136 (0.0085)
roa × L.cd_bt	1.7495** (0.4456)	2.4479*** (0.6723)	-0.4414 (0.8133)	1.3972** (0.4232)	2.1637*** (0.7716)	-0.3842 (0.8710)
lev × L.cd_bt	0.1100 (0.0734)	0.0175 (0.1844)	-0.0586 (0.1479)	0.1216 (0.1375)	0.1114 (0.2086)	0.0529 (0.1594)
mb × L.cd_bt	0.0346 (0.0188)	0.0453 (0.0309)	0.0557* (0.0329)	0.0425* (0.0202)	0.0458 (0.0361)	0.0470 (0.0437)
tan_asst × L.cd_bt	0.2488 (0.1436)	-0.3890 (0.4740)	0.1642 (0.6047)	0.4879*** (0.0849)	-0.2970 (0.4847)	0.3766 (0.6896)
ana × L.cd_bt	0.0251 (0.0483)	0.0389 (0.0357)	0.0323 (0.0406)	0.0192 (0.0575)	0.0408 (0.0389)	0.0152 (0.0421)
accstan × L.cd_bt	-0.1058 (0.1115)	-0.1991 (0.1267)	-0.1614 (0.1308)	-0.0489 (0.0710)	-0.1934 (0.1513)	-0.1024 (0.1396)
cross × L.cd_bt	0.0313 (0.0309)	0.1122 (0.1142)	-0.0013 (0.0774)	0.0466 (0.0515)	0.0709 (0.1343)	0.0156 (0.0834)
dual × L.cd_bt				0.1013 (0.0897)	-0.0321 (0.0760)	0.1007 (0.1317)
board_size × L.cd_bt				0.0062 (0.0094)	0.0086 (0.0159)	0.0090 (0.0112)
board_indep × L.cd_bt				-0.0555 (0.2163)	0.4001 (0.9302)	-0.0842 (1.0142)
board_share × L.cd_bt				-0.3528 (0.2677)	0.1683 (0.4606)	-0.0897 (0.4384)
boar_compen × L.cd_bt				0.1074** (0.0326)	0.1685** (0.0655)	0.1269* (0.0651)

续表

变量	模型 (5.8a)			模型 (5.8b)		
	Pooled OLS cd_bt	FE cd_bt	System GMM cd_bt	Pooled OLS cd_bt	FE cd_bt	System GMM cd_bt
	(1)	(2)	(3)	(4)	(5)	(6)
ownership_state × L. cd_bt				0.1531*** (0.0145)	0.2168*** (0.0717)	0.2055*** (0.0742)
ownership_institute × L. cd_bt				−0.8422*** (0.1134)	−0.5567* (0.3196)	−0.9310*** (0.3406)
年份及行业固定效应	是	是	是	是	是	是
截距项	0.0395*** (0.0079)	0.0508*** (0.0116)	0.0032 (0.0192)	0.0401*** (0.0096)	0.0517*** (0.0119)	0.0091 (0.0201)
AR (1)			[0.000]			[0.000]
AR (2)			[0.082]			[0.061]
Hansen 统计量			[0.983]			[0.999]
样本数	1 217	1 217	1 217	1 095	1 095	1 095
调整 R^2	0.6372	0.4079		0.6448	0.3973	
企业数		124	124		124	124

注:"L."代表滞后一期;cd_bt 为税前每股现金股利;eps 为每股收益;"L."代表滞后一期;firm_size 为企业规模,用总资产对数表示;firm_age 为企业年龄,为当年与成立年份之差;roa 为资产收益率;lev 为杠杆率;mb 为市账比;tan_asst 为有形资产比率,ana 为分析师关注度,用 ln [分析师关注人数(以团队为单位)+1]表示;accstan 为是否实施新会计准则虚拟变量,样本出现在 2007 年(含)后标记为 1,否则为 0;cross 为是否跨市场上市虚拟变量,企业若在 B 股或 H 股同时上市标记为 1,否则为 0;dual 为董事长与总经理兼任虚拟变量,兼任为 1,否则为 0;board_size 为董事会规模,用董事会人数表示;board_indep 为董事会独立性,用独立董事占比表示;board_share 为董事会持股比;board_compen 为高管薪酬,用董监高前三名薪酬总额的对数表示;ownership_state 为国有股占比,ownership_institute 为机构持股比。***、**、* 分别表示在 1%、5%、10% 的水平上显著,( )中为稳健标准差,[ ]中为 p 值。AR (1) 和 AR (2) 分别表示残差的一次差分项是否存在一阶和二阶序列自相关,原假设均为不存在自相关,Hansen 统计量为检验是否存在工具变量过度识别,原假设为工具变量无过度识别。

表 5 - 4 第 (1) ~ (3) 列只加入市场摩擦和我国资本市场政策性变量,第 (4) ~ (6) 列在第 (1) ~ (3) 列变量的基础上引入公司治理变量,目的是查看

公司治理变量引入前后能源类上市企业现金股利调整速度的变化，以确定公司治理整体对能源类上市企业现金股利平稳性的影响。对于表5-4的解释，分为两个步骤，第一步针对第（4）~（6）列中公司治理各变量交互项系数进行解释。第二步计算税前每股现金股利的边际效应，并以此计算调整速度，表示股利发放的平稳性。

具体而言，第一步查看交互项系数，高管薪酬交互项系数在回归结果中均显著为正，说明高管薪酬对股利调整速度有显著降低的作用，能够提高现金股利发放的平稳性，而董事会持股比虽然系数为负，但没有表现出显著的影响。该结论无法支持假设5.5，激励机制与现金股利平稳性之间不存在替代效应。这与刘星等（2016）等使用股权激励作为激励机制的研究结论相反，他们发现激励机制与现金股利平稳性之间存在替代性，两者之间为负向关系，但与董艳和李凤（2011）等结论相类似，她们认为现阶段我国上市企业内高管持股水平还较为低下，导致激励机制无法真正发挥作用，与股利发放之间不能形成替代作用。统计数据也显示，我国能源上市企业内高管薪酬和董事会持股比均明显低于其他行业。本章结果证实，我国能源类上市企业的激励措施尚不足以替代股利平稳性在缓解代理成本上的作用，但是可以促进现金股利发放的平稳性。

股权结构方面，国有股占比交互项系数在回归结果中显著为正，说明国有股占比增加对股利调整速度有显著的降低作用，能够提高现金股利发放的平稳性，从而印证了假设5.6。机构持股比交互项系数在回归结果中均得到显著为负的结果，说明机构持股比增加会显著提高股利调整速度，加剧现金股利的不平稳性。对于假设5.7，本章研究表明机构持股比与股利发放平稳性存在替代效应，与拉波塔等（2000）的结论相同。

其余各变量并未表现出显著性，因而假设5.2~假设5.5无法得到验证。这也说明了能源上市企业内，董事会机制可能由于诸多政策性质的局限而无法真正有效地发挥作用。

第二步，由于方程中存在交互项，表5-4中税前每股现金股利的回归参数并不能完全反映其边际效应，为此本节根据模型回归结果，利用协变量均值计算出边际效应值和相应调整速度。所有模型中边际效应的计算结果均总结于表5-5。

表 5 – 5　　　　　　　　各模型中企业调整速度

回归模型	回归方法	市场摩擦变量的使用	公司治理变量的使用	样本数	边际效应	调整速度（%）	标准误	t 值
模型(5.6)	Pooled OLS	无	无	1 217	0.3538***	64.62	0.0449	7.8800
	FE				0.1747***	82.53	0.0603	2.9000
	System GMM				0.2432***	75.68	0.0547	4.4500
模型(5.8a)	Pooled OLS	以交互项形式引入	无	1 217	0.2431*	75.69	0.0966	2.5200
	FE				0.0479	95.21	0.0503	0.9500
	System GMM				0.1806***	81.94	0.0478	3.7800
模型(5.8b)	Pooled OLS	以交互项形式引入	以交互项形式引入	1 095	0.2260**	77.40	0.0718	3.1500
	FE				0.0067	99.33	0.0492	0.1400
	System GMM				0.1230***	87.70	0.0473	2.6000

注：标准误为使用 Delta 法计算所得，调整速度的计算方法为（1 – 边际效应），***、**、* 分别表示在 1%、5%、10% 的水平上显著。

由表 5 – 5 可知，我国能源类上市企业的整体调整速度都较快，以系统广义矩估计回归结果为准，随着市场摩擦变量和公司治理变量的引入，边际效应从 0.2432 下降至 0.1230，反映出上一期与当期每股现金股利之间关联性较小，调整速度从 75.68% 上升至 87.70%，变动较大，现金股利发放变得更加不平稳。

三、稳健性检验

本章稳健性检验参照任有泉（2006）的研究，进一步将样本限定于分红超过 6 年，并对模型（5.6）、模型（5.8a）和模型（5.8b）重新进行回归。结果分为两个板块汇总于表 5 – 6，分别对应表 5 – 3 和表 5 – 4。

表 5-6　股利分配平稳性及公司治理机制稳健性检验

变量	板块 A Pooled OLS cd_bt	板块 A FE cd_bt	板块 A System GMM cd_bt
L. cd_bt	0.3556*** (0.0553)	0.1741*** (0.0609)	0.2525*** (0.0556)
eps	0.0396*** (0.0073)	0.0349*** (0.0083)	0.1375*** (0.0201)
L. eps	0.1050*** (0.0125)	0.1106*** (0.0125)	0.0849*** (0.0168)
年份及行业固定效应	是	是	是
截距项	0.0430** (0.0186)	0.0547*** (0.0146)	-0.0023 (0.0171)
AR (1)			[0.0000]
AR (2)			[0.0530]
Hansen 统计量			[0.9800]
样本数	1 198	1 198	1 198
调整 R^2	0.6170	0.3621	
企业数		119	119
调整速度	0.6444	0.8259	0.7475
目标支付率	6.15%	4.23%	18.39%

变量	板块 B Pooled OLS	板块 B FE	板块 B System GMM cd_bt	Pooled OLS	FE	System GMM
L. cd_bt	-0.8359 (0.6371)	-0.9666 (0.7848)	-0.8728 (0.9198)	-2.0506** (0.8543)	-2.7799*** (0.9057)	-2.1037* (1.1923)
eps	0.0234*** (0.0072)	0.0144* (0.0081)	0.1006*** (0.0203)	0.0219*** (0.0071)	0.0128 (0.0083)	0.0802*** (0.0159)
L. eps	0.1014*** (0.0124)	0.1037*** (0.0121)	0.0978*** (0.0158)	0.1003*** (0.0133)	0.1024*** (0.0125)	0.1174*** (0.0155)
firm_size × L. cd_bt	0.0380 (0.0269)	0.0507* (0.0299)	0.0523 (0.0330)	0.0143 (0.0288)	0.0133 (0.0375)	0.0137 (0.0373)
firm_age × L. cd_bt	-0.0053 (0.0057)	0.0110 (0.0081)	-0.0079 (0.0080)	-0.0096 (0.0059)	0.0074 (0.0103)	-0.0129 (0.0091)

续表

变量	板块 B					
	Pooled OLS	FE	System GMM cd_bt	Pooled OLS	FE	System GMM
roa × L. cd_bt	1.7314*** (0.5924)	2.4510*** (0.6807)	-0.3851 (0.8184)	1.4149** (0.6148)	2.1603*** (0.7756)	-0.2847 (0.8585)
lev × L. cd_bt	0.1071 (0.1578)	0.0176 (0.1877)	-0.0657 (0.1503)	0.1302 (0.1501)	0.1091 (0.2080)	0.0516 (0.1644)
mb × L. cd_bt	0.0364 (0.0288)	0.0462 (0.0311)	0.0558* (0.0335)	0.0430 (0.0356)	0.0470 (0.0365)	0.0459 (0.0445)
tan_asst × L. cd_bt	0.2358 (0.3837)	-0.3993 (0.4795)	0.1138 (0.6132)	0.4766 (0.4500)	-0.3097 (0.4927)	0.3595 (0.7053)
ana × L. cd_bt	0.0264 (0.0368)	0.0378 (0.0375)	0.0321 (0.0441)	0.0169 (0.0387)	0.0428 (0.0407)	0.0180 (0.0445)
accstan × L. cd_bt	-0.1048 (0.1256)	-0.2040 (0.1284)	-0.1672 (0.1336)	-0.0508 (0.1380)	-0.1962 (0.1531)	-0.1015 (0.1422)
cross × L. cd_bt	0.0403 (0.0774)	0.0969 (0.1232)	-0.0087 (0.0865)	0.0426 (0.0742)	0.0634 (0.1416)	0.0255 (0.0890)
dual × L. cd_bt				0.1022 (0.1220)	-0.0362 (0.0796)	0.1029 (0.1362)
board_size × L. cd_bt				0.0060 (0.0096)	0.0086 (0.0162)	0.0090 (0.0113)
board_indep × L. cd_bt				-0.0627 (0.7319)	0.3925 (0.9439)	-0.1491 (1.0387)
board_share × L. cd_bt				-0.9262 (1.6228)	0.9752 (2.3646)	0.7875 (3.2937)
boar_compen × L. cd_bt				0.1084** (0.0491)	0.1660** (0.0667)	0.1291** (0.0640)
ownership_state × L. cd_bt				0.1515** (0.0646)	0.2164*** (0.0723)	0.1981*** (0.0740)
ownership_institute × L. cd_bt				-0.8299** (0.3618)	-0.5676 (0.3447)	-0.9667*** (0.3637)
年份及行业固定效应	是	是	是	是	是	是

续表

变量	板块 B					
	Pooled OLS	FE	System GMM cd_bt	Pooled OLS	FE	System GMM
截距项	0.0389** (0.0183)	0.0509*** (0.0117)	0.0042 (0.0190)	0.0402* (0.0205)	0.0520*** (0.0119)	0.0103 (0.0193)
AR (1)			[0.0000]			[0.0000]
AR (2)			[0.0790]			[0.0590]
Hansen 统计量			[0.9940]			[0.9990]
样本数	1 198	1 198	1 198	1 076	1 076	1 076
调整 R^2	0.6358	0.4054		0.6429	0.3938	
企业数		119	119		119	119

注：cd_bt 为税前每股现金股利；eps 为每股收益；"L."代表滞后一期；firm_size 为企业规模，用总资产对数表示；firm_age 为企业年龄，为当年与成立年份之差；roa 为资产收益率；lev 为杠杆率；mb 为市账比，tan_asst 为有形资产比率，ana 为分析师关注度，用 ln［分析师关注人数（以团队为单位）+1］表示；accstan 为是否实施新会计准则虚拟变量，样本出现在 2007 年（含）后标记为 1，否则为 0；cross 为是否跨市场上市虚拟变量，企业若在 B 股或 H 股同时上市标记为 1，否则为 0；dual 为董事长与总经理兼任虚拟变量，兼任为 1，否则为 0；board_size 为董事会规模，用董事会人数表示；board_indep 为董事会独立性，用独立董事占比表示；board_share 为董事会持股比；board_compen 为高管薪酬，用董监高前三名薪酬总额的对数表示；ownership_state 为国有股占比，ownership_institute 为机构持股比。***、**、* 分别表示在 1%、5%、10% 的水平上显著，( ) 中为稳健标准差，[ ] 中为 p 值。"L."代表滞后一期。AR (1) 和 AR (2) 分别表示残差的一次差分项是否存在一阶和二阶序列自相关，原假设均为不存在自相关，Hansen 统计量为检验是否存在工具变量过度识别，原假设为工具变量无过度识别。

表 5-6 中板块 A、板块 B 分别对应表 5-3 和表 5-4，稳健性检验结果从系数回归值、方向和显著性都与表 5-3 和表 5-4 中结果类似，由此可见本章结果较为稳健，所得结果具备可靠性。

第六节 本 章 小 结

本章对能源企业现金股利发放调整速度进行估计，并使用该速度衡量股利发放的平稳性，随后探讨各公司治理机制对平稳性的影响。结果表明，我国能源类上市企业调整速度介于 75.68% ~ 87.70%，现金股利发放具有强烈的不平稳性，公司治理整体加快了调整速度，加剧了股利发放的不平稳性。

公司治理机制中高管薪酬和国有股占比的增加将显著促进平稳性加强，显示出与股利平稳性之间存在互补效应，而机构持股比的增加则会显著降低现金股利的平稳性，表现出替代效应。

第六章
能源上市企业公司治理与投资决策

第一节 引　　言

　　本书第四章、第五章探讨了能源企业的融资决策和现金股利发放问题，利用可分配利润发放股利后，余下的部分作为企业留存收益展开下一步的投资活动。过度投资问题的研究始于国外，但对于谋求经济转型的我国来说更为关键（刘津宇等，2014）。作为能源转型的执行主体，能源企业的过度投资问题也不容忽视。能源企业进行投资首先给公众留下企业积极发展和努力保障供给安全的印象，同时可以增加就业；再者，巨额的对外投资有利于彰显大国风范，几方结合，从某种程度上符合能源企业的战略政策地位。各方数据也表明，能源企业的投资数额巨大，但研究已经发现能源上市企业存在过度投资和投资结构不合理的现象（Zhang et al.，2016a；2016b）。

　　莫迪格利安尼和米勒（1958）提出"投资—现金流无关论"，他们从理论上论证了企业的投资不应与其内部筹集的现金流相关，那么过度投资也就不应与自由现金流相关。然而"投资—现金流无关论"是建立在一系列严格假设上的，实际市场并不能满足相应条件。以往许多研究也表明过度投资与自由现金流有着显著的正相关关系（Richardson，2006）。詹森（1986）观察到由于石油价格增长，石油公司内部累积了大量自由现金流，但是公司的管理层并未按照股东利益最大化原则分配这些资源，而是投资于低效甚至无效的项目上，损害了股东利益。他认为这是由于股东与经理人之间的利益有所冲突，存在严重的代理问题，据此詹森（1986）从代理成本角度出发提出自由现金流假说。

　　我国能源类上市公司近年来由于能源价格上涨和政府补贴同样累积了大量自由现金流（Tan，2013），能源企业已经出现过度投资现象（兰强，2015；Zhang et al.，2016a；Zhang et al.，2016b），其中潜在的代理冲突问题不容小觑。好的公司治理机制能够让股东和经理人利益趋于一致，从而减轻代理冲突，缓和代理问题，使经理人从股东角度出发，采取股东利益最大化原则，减少企业的过度投资。

　　基于以上事实，本章采用理查森（2006）的投资预期模型，对过度投资和自由现金流进行衡量，直接估计能源类上市企业自由现金流与过度投资之间的敏感性，并遵循第四、第五章的研究脉络，引入公司治理与自由现金流的交互变量，查看公司治理机制对其敏感性有何影响。

本章的贡献在于：第一，研究公司治理对能源企业过度投资和自由现金流敏感性的影响，丰富了公司治理与自由现金流理论；第二，建立投资预期模型并使用动态面板估计方法，对过度投资和自由现金流进行估计，改善了过度投资和自由现金流的衡量方法；第三，本章结果为能源企业合理投资提供了指导依据，保障了能源转型中能源企业的健康发展。

本章结构安排如下：第二节回顾以往理论并提出研究假设；第三节衡量过度投资及自由现金流并建立实证模型；第四节描述数据和变量；第五节汇报实证结果并给出相应分析；第六节总结本章结论。

第二节　研 究 假 设

一、能源企业过度投资与自由现金流

詹森（1986）的自由现金流假说论证了当经理人与股东之间存在委托代理问题时，经理人可能会浪费筹集到的自由现金流。相较于将其分配给股东，他们更倾向于花费在对自身有好处但对股东低效或无用的投资项目上，盲目扩大企业规模，从而增加自身威望，构建自己的"商业帝国"。别布丘克和斯都乐（Bebchuk and Stole，1993）也指出当股东无法有效识别投资带来的生产力时，企业经理人倾向于过度投资，以表现自身能力和传达企业发展良好的信号。随后，许多研究都验证了企业自由现金流的增加将导致过度投资，最终损害股东利益（Harford，1999；Klock and Thies，2005）。

根据前文所述（见表3-5和图3-5），我国能源企业较其他行业的企业显

著拥有更多自由现金流,更有可能引发代理冲突和过度投资问题。国内对能源类企业的投资—自由现金流关系的探讨已经开始显露。张等(2016a)及张等(2016b)先后对能源类和新能源类上市企业的投资问题进行研究,结果表明,能源上市企业确实存在自由现金流和过度投资问题,新能源企业内也存在投资不合理问题,且生物质能和风能企业尤为严重。朱嫚嫚(2012)也发现我国新能源上市企业进行过度投资,且自由现金流的增加能够显著促进过度投资的增加。在此本章提出第一个假设:

假设6.1:我国能源上市企业存在过度投资,且自由现金流会促进过度投资。

二、公司治理与自由现金流的过度投资

参照第四、第五章,本章依然选取了董事会机制和股权结构方面的公司治理变量。企业通过公司治理能够有效监督经理人行为,并连接经理人与股东之间的利益,因此能够降低代理成本从而降低过度投资与自由现金流之间的敏感性。下面对公司治理每项具体机制对代理成本的影响做一一陈述。

董事会机制方面,董事长与总经理兼任可以缩短决策制定过程(Peng et al.,2007),但需要相应的监督机制来保证决策制定的合理性。在能源企业普遍大量投资的环境下,两职合一更有可能形成管理防御(Shleifer and Vishny,1989),从而加剧代理成本,使企业忽略投资项目的收益性,跟风投资,增强过度投资与自由现金流的敏感性。进一步地,由于能源企业投资决策的制定有很强的战略政策意义,董事会成员发挥作用的空间较少,规模较大可能引发"责任分散"效应,降低董事会成员参与决策制定的积极性。另外,由于投资决策的强烈战略意义,独立董事更有可能沦为"花瓶董事",无法提供有效的监督作用,唐雪松等(2007)也表明独立董事不能起到降低过度投资与自由现金流敏感性的作用。综上所述,董事长总经理兼任、董事会规模和独立性的增加可能会加大能源企业过度投资与自由现金流之间的敏感性。

激励机制能够将经理人与股东之间的利益挂钩,从而降低由自由现金流引发的代理冲突(He and Kyaw,2018)。对高管实施股权激励后,他们就兼有企业管理者和所有者的身份,因此更有可能从企业的利益出发,在企业拥有充沛的

自由现金流时，依然能理性权衡投资项目的利弊，做出合理的投资决策（唐雪松等，2007）。高管薪酬同样可以给企业经理人以激励机制，尤其是当高管薪酬与企业绩效挂钩时，高管与股东之间的利益也就相互关联。由此可见，激励机制能够有效降低代理成本，因此本章预测激励机制能够降低能源企业的过度投资与自由现金流的敏感性。

股权结构方面，能源属于具有战略意义的行业，其内部的国有法人更倾向于达到一定的政治目的（Chen et al.，2011；He and Kyaw，2018）。以往一些研究发现国有企业中过度投资现象更明显（罗琦等，2007；俞红海等，2010），另一些研究则验证了过度投资随着国有股占比的增加而增加（He and Kyaw，2018）。由于能源企业的投资既能传达企业发展良好的信息，又能带动社会就业的增加，还能体现国际风范，因此对于国有股占比更高的能源企业来说，经理人面对自由现金流时可能更倾向于进行过度投资。而机构投资者被普遍认为拥有更专业的知识和更丰富的管理经验，因此能够提供更好的监督，从而减少代理成本，降低过度投资与自由现金流之间的敏感性（Attig et al.，2012；张继德和王静，2012）。因此本章预期当能源企业拥有可用于投资的自由现金流时，国有股占比增加会加剧过度投资与自由现金流之间的敏感性，而机构投资者持股比的增加能够抑制过度投资与自由现金流之间的敏感性。

综上所述，本章关于公司治理机制的假设总结如下：

假设6.2：董事长与经理人兼任会加剧过度投资与自由现金流之间的敏感性。

假设6.3：董事会规模的增加会加剧投资与自由现金流之间的敏感性。

假设6.4：独立董事比例的增加会加剧投资与自由现金流之间的敏感性。

假设6.5：董事会激励机制能够抑制投资与自由现金流之间的敏感性。

假设6.6：国有股占比的增加会加剧投资与自由现金流之间的敏感性。

假设6.7：机构投资者持股比的增加会抑制投资与自由现金流之间的敏感性。

第三节　研究设计

本节对实证研究所使用的模型进行说明。第一步，本章参照理查森（2006）

建立投资预期模型估计出企业的预期投资，并以此为出发点对上市企业内部过度投资和自由现金流进行衡量；第二步，在得到过度投资及自由现金流的衡量后，本章建立模型探究自由现金流对过度投资的影响；第三步，遵照第四、第五章的研究脉络，选取董事会和股权结构方面的公司治理变量，并纳入回归框架以研究公司治理如何影响能源类上市企业过度投资与自由现金流之间的敏感性。

一、过度投资与自由现金流的衡量

理查森（2006）根据企业公布的财务数据，利用会计信息对企业建立投资预期模型，模型因变量的拟合值用以衡量企业预期投资水平，即企业适当的投资水平，模型残差的拟合值被定义为异常投资，异常投资大于零为过度投资（overinvestment），小于零为投资不足（underinvestment）。在得到预期投资后可根据表达式相应计算出企业的自由现金流水平，其他采用该方法的文献可见辛清泉等（2007）等、姜付秀等（2009）及陈等（2016）的研究。

具体而言，理查森（2006）将总投资的构成定义为资本支出、收购支出与研发投入之和减去出售厂房、设备等的收入，表达式为：总投资=资本支出+收购支出+研发投入－出售厂房、设备等收入。按投资使用目的可将总投资分为必要投资和新投资。其中必要投资等于折旧与摊销之和，新投资的部分又可以分为投资于净现值为正的项目与异常投资（abnormal investment）。异常投资可以为正值也可以为负值，若为正值即为过度投资，若为负值则表示投资不足。具体构造逻辑、使用渠道和对应变量表示可见图6-1。

理查森（2006）将自由现金流定义为现有资产产生的现金流减去企业成长消耗的现金流。其中已有资产中产生的现金流可分为三个部分：经营产生的净现金流、必要投资及研发投入。企业成长消耗的现金流即为预期投资。根据自由现金流的使用，可将其分为六个部分：异常投资、对股东的净支付（即股利）、对债权人的净支付（即本息归还）、金融资产的净变动、其他投资及杂项。自由现金流的构成与使用之间为恒等式关系，具体构成、使用途径和对应变量表示可见图6-2。

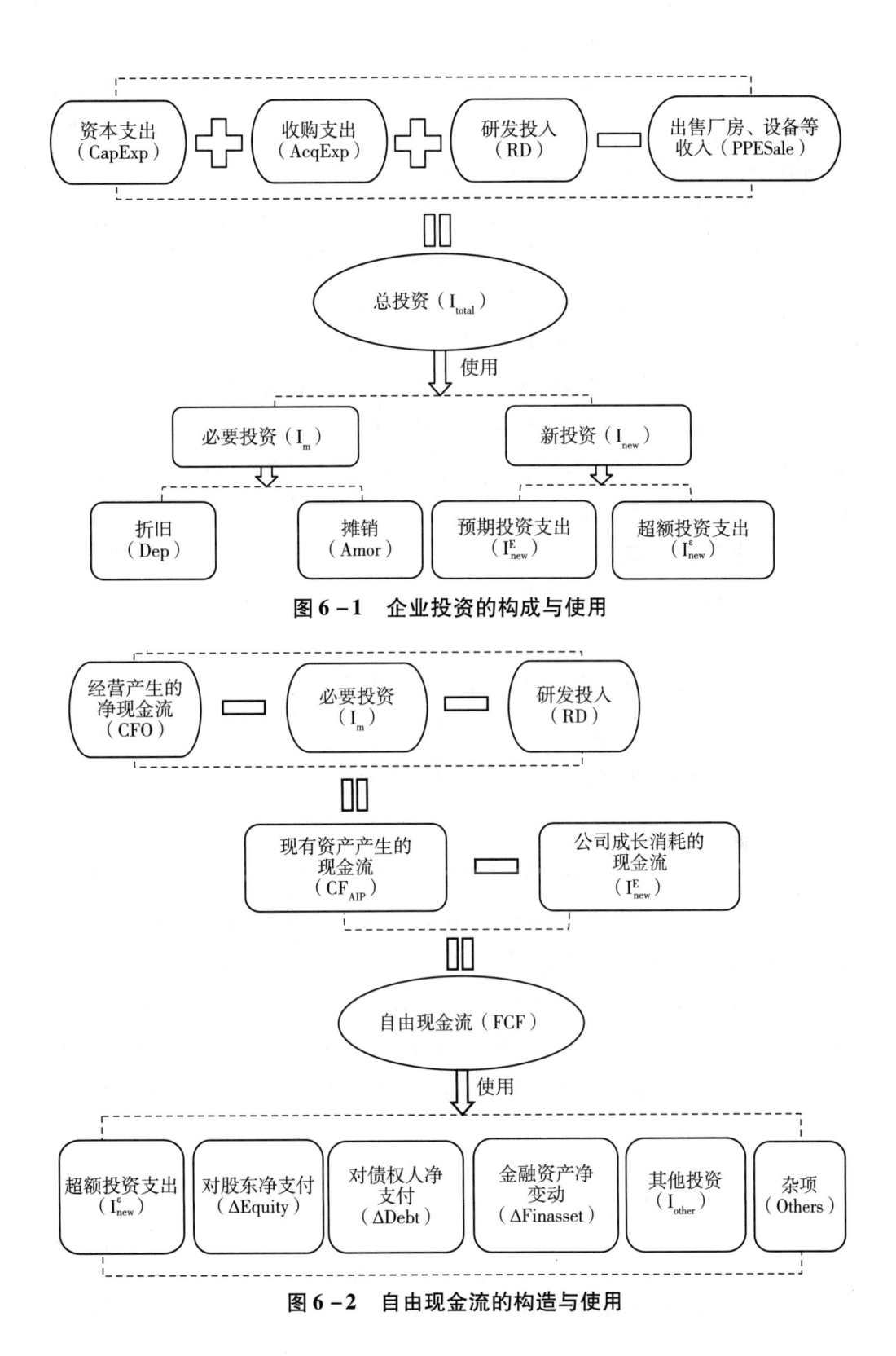

图 6–1 企业投资的构成与使用

图 6–2 自由现金流的构造与使用

需要注意的一点是，理查森（2006）将研发投入（RD）也纳入总投资和自由现金流的构成中，而我国上市企业将研发数据记录在资产负债表附录的"支付其他与经营活动有关的现金"名下，与捐赠、罚款、排污费等支出一起记录，无法从公开发布的原始财务报告中准确识别，但本章参考了中国研究数据服务平台（CNRDS）中"中国创新专利研究数据库"（CIRD）整理的研发投入数据。中国研究数据服务平台是高质量、平台化的中国经济、金融与商学研究的综合数据平台，数据来源和质量可靠。该记录显示，2005～2016 年我国上市企业中有 61.27% 的企业汇报了研发数据，但能源行业中仅有 38.70% 的上市企业汇报了研发投入。考虑到能源类企业，尤其是新能源企业，本属于技术密集型行业，研发数据有企业记录疏漏的可能，因此本章既参照陈等（2016）、姜付秀等（2009）及辛清泉等（2007）的研究，计算不计入研发投入的投资和自由现金流，同时也构造包含研发投入的相关变量，以查看结果的稳健性。利用图 6-1 和图 6-2 对投资和现金流的构造及各变量的标记，可得投资和自由现金流的表达式为：

$$I_{total} = CapExp + AcqExp + RD - PPESale = I_m + I_{new}$$
$$= Dep + Amor + I_{new}^E + I_{new}^\varepsilon \quad (6.1)$$

$$FCF = CF_{AIP} - I_{new}^E = CFO - I_m - RD - I_{new}^E$$
$$= CFO - Dep - Amor - RD - I_{new}^E$$
$$= I_{new}^\varepsilon + \Delta Equity + \Delta Debt + \Delta Finasset + I_{other} + Ohters \quad (6.2)$$

由公式（6.1）和公式（6.2）可知，预期投资 I_{new}^E 是计算过度投资和自由现金流的关键，同时预期投资 I_{new}^E 还将过度投资与自由现金流联系起来，使得我们可以同时对两者进行回归。其余各变量所表达的含义参见图 6-1 和图 6-2，具体衡量方式参见本章第四节数据描述部分。为识别出预期投资 I_{new}^E，理查森（2006）构造了投资期望模型，他将预期投资描述为成长机会和融资约束的函数，模型形式为：

$$I_{new,it} = \alpha + \beta \left(\frac{V}{P}\right)_{i,t-1} + \varphi_X X_{i,t-1} + \gamma I_{new,it-1} + F_i + t.\,year + n.\,industry + I_{new,it}^\varepsilon$$

$$(6.3)$$

其中 $\frac{V}{P}$ 为理查森（2006）构造的用于表示企业成长机会的指标，预期投资应随着成长机会的增加而增加。梅叶斯（1977）指出，成长机会应由企业投资选择的现值来衡量，郎和利岑贝格尔（1989）提出用托宾 Q，即企业市值与资产重置成本的比值来衡量企业投资机会。然而托宾 Q 已经被以往文献证实，对我国市场解释力度不足（Gilchrist and Himmelberg，1995；俞红海等，2010；Zhang et al.，2016a）。理查森（2006）指出企业市值与账面价值之比或市盈率也常被用来表示企业成长机会，因此他将两者结合，利用账面价值与企业盈利计算指标 $\frac{V}{P}$，用于反映企业成长机会。他使用企业现有资产价值 V_{AIP} 与企业市值之比计算 $\frac{V}{P}$，企业成长机会随着 $\frac{V}{P}$ 的降低而增加。现有资产价值 V_{AIP} 可由企业账面价值和收益计算所得，表达式为：

$$V/P = V_{AIP}/MV$$

$$V_{AIP} = (1 - \alpha \times r) \times BV + \alpha \times (1 + r) \times Income - \alpha \times r \times d \quad (6.4)$$

其中 MV 为企业市值，BV 为企业账面价值，Income 为减去折旧后的企业营业收入，d 为股利分配值，均可由企业公布的财务报告获得，r 为贴现率，$\alpha = \frac{\omega}{1 + r - \omega}$，$\omega$ 为企业超额收益一阶自回归的系数，用于表示收益的持久性。陈等（2016）也采用 $\frac{V}{P}$ 来衡量我国上市企业的成长性，参照他们的设定，本章令 r = 5%，ω = 0.62。

模型（6.3）中 $X_{i,t-1}$ 为一系列与投资决策相关的变量，包含企业杠杆率、企业规模、企业年龄、货币储备、以往股票收益（Fazzari et al.，1988；Barro，1990；Hubbard，1998；Bates，2005；Richardson，2006）。对模型（6.3）进行回归时还加入了投资的滞后一期变量。t.year 表示年份虚拟变量，t = 2005…2016，若该样本属于第 t 年值为 1，否则为 0。n.industry 的构造方法类似于 t.year，用于表示行业虚拟变量，分别对能源行业内六个细分行业进行控制，F_i 为企业固定效应。具体变量的构造和描述性统计见本章第四节。

利用回归所得参数可以计算出因变量的拟合值，即预期投资支出（I^E_{new}），反映企业适当的投资水平。相应地，可计算出残差项的拟合值，即为异常投资支出（I^e_{new}）。若异常投资支出大于零，则表示该企业除了进行适当投资外还进行了过度投资；若小于零，则说明企业的投资未达到适当投资水平，为投资不足。

回归方法上，理查森（2006）使用混合最小二乘法（Pooled OLS）对参数进行估计，但正如前文所述，当回归项中引入因变量滞后一期变量时，此时数据形式为动态面板数据，混合最小二乘法所得的参数估计值将会向上偏误，若使用面板固定效应则会产生向下的偏差（Andres et al.，2015），根据前文探讨，本章改进了理查森（2006）的回归方法，使用动态面板系统广义矩估计法，由此得到参数的一致估计值。类似处理可见张等（2016a）的研究。

二、过度投资与自由现金流敏感性探究

在获得异常投资和自由现金流的衡量后，本部分建立如下回归方程描述投资与自由现金流的敏感性，并对所估计的自由现金流方向进行区分以探究可能存在的非对称作用：

$$I^{\varepsilon}_{new,it} = \alpha + \gamma_1 NegFCF_{i,t} + \gamma_2 PosFCF_{i,t} + \varepsilon_{it}$$

$$\begin{cases} NegFCF_{it} = FCF_{it}, & 如果\ FCF_{it} < 0 \\ PosFCF_{it} = FCF_{it}, & 如果\ FCF_{it} > 0 \end{cases} \quad (6.5)$$

其中 γ_1 和 γ_2 分别代表没有自由现金流（即自由现金流为负值）和拥有自由现金流（即自由现金流为正值）的影响系数，回归时采用混合最小二乘法，对所有异常投资和仅过度投资（即 $I^{\varepsilon}_{new} > 0$ 子样本）分别回归。若回归结果显示 γ_1 始终显著小于 γ_2，则表明企业拥有自由现金流时更可能进行过度投资。如果 γ_2 始终显著小于 γ_1 则说明企业由于缺乏自由现金流，过度投资的可能性被大大降低，这是因为此时企业被迫需要使用外部市场进行融资，因而面临融资约束（Richardson，2006）。

三、公司治理机制的引入

下一步，本章将公司治理变量的水平值与交互项放入回归方程，建立回归方程（6.6），探讨各公司治理机制如何影响企业过度投资与自由现金流敏感性：

$$I^{\varepsilon}_{new,it} = \alpha + \gamma_1 FCF_{i,t} + \gamma_{CG} CG_{i,t} + \gamma_{inter} CG \times FCF_{i,t} + \varepsilon_{it} \quad (6.6)$$

其中公司变量的选取与第四、第五章保持一致，使用董事会与股权结构相关变量，包括董事长与总经理兼任、董事会规模、董事会独立性、董事会持股比、高管薪酬、国有股和机构股的占比。γ_{inter}为交互项系数，用来表示各公司治理变量如何影响自由现金流与过度投资之间的敏感性。

第四节　数据及变量

本节对数据来源、处理和相应变量的构造进行论述。与前文保持一致，本章所使用样本为2005~2016年能源类上市企业，其中财务数据和公司治理数据均来自CSMAR，研发投入数据来自中国研究数据服务平台（CNRDS）的CIRD数据库。数据处理时依照前文，剔除终止上市、暂停上市和上市不满两年的企业，剔除ST股和未完成股改的S股。用于构造投资及自由现金流的财务数据全部除以期初总资产以便进行对比，所有数据均上下做1%缩尾处理，最终得到125个能源类上市企业，共1 362个样本。各变量名称、解释及构造可见表6-1，具体描述性统计见表6-2。

表6-1　　　　　　　　　　变量解释及构造

变量名称	变量解释	变量构造
投资数据		
Itotal	总投资	资本支出+收购支出-出售厂房设备等收入
Itotal_alt	总投资（含研发）	资本支出+收购支出+研发投入-出售厂房设备等收入
capexp	资本支出	购建固定资产、无形资产和其他长期资产支付的现金
acqexp	收购支出	收购买方支出价值
rd	研发投入	企业研究开发投入，来自CIRD数据库
ppesale	出售厂房、设备等收入	处置固定资产、无形资产和其他长期资产收回的现金净额
dep	折旧	固定资产折旧、油气资产折耗、生产性生物资产折旧

续表

变量名称	变量解释	变量构造
amor	摊销	无形资产摊销＋长期待摊费用摊销
Inew	新投资	总投资－折旧－摊销
Inew_alt	新投资（含研发）	总投资（包含研发投入）－折旧－摊销
\multicolumn{3}{c}{投资预期模型所使用变量}
vp	成长机会（vp）	企业现有资产价值 V_{AIP} 与市值之比，$V_{AIP}=(1-\alpha r)BV+\alpha(1+r)I-\alpha rd$。其中 BV 为企业账面价值，I 为减去折旧后的企业营业收入，d 为股利分配值，r 为折旧率，$\alpha=\dfrac{\omega}{1+r-\omega}$，$\omega$ 为企业超额收益一阶自回归的持久性参数，参照陈等（2016）的研究，令 $r=5\%$，$\omega=0.62$
bm	账面市值比	（资产总计－负债总计）÷市值
lev	杠杆率	总负债÷总资产
cash	货币储备	（期末现金余额＋短期投资净额）÷期初总资产
firm_age	企业年龄	当年－企业成立年份
firm_size	企业规模	ln（企业总资产）
yretwd	考虑现金红利再投资的年个股回报率	当年最后一个交易日的考虑现金红利再投资的日收盘价的可比价格与前一年最后一个交易日的考虑现金红利再投资的日收盘价的可比价格之比－1
\multicolumn{3}{c}{公司治理数据}
dual（%）	董事长与总经理兼任	董事长总经理为同一人则为1，否则0
board_size	董事会规模	董事会总人数
board_indep（%）	董事会独立性	独立董事占董事会成员比率
board_share（%）	董事会持股比	董事会持股数÷总股数
boar_compen	高管薪酬	董事、监事及高管前三名薪酬总额，取对数
ownership_state（%）	国有股占比	国有股÷总股数
ownership_institute（%）	机构持股比	（境内发起人法人股股数＋境外发起人法人股股数＋募集法人股股数＋基金配售股数＋一般法人配售数）÷总股数

表 6-2　　　　能源企业投资及公司治理数据描述性统计

变量名称	样本数	均值	标准差	最小值	最大值
投资数据					
Itotal（%）	1 308	10.68	12.30	-3.77	79.01
Itotal_alt（%）	1 308	10.93	12.51	-3.32	81.74
capexp（%）	1 308	9.21	8.35	0.02	39.72
acqexp（%）	1 308	1.41	5.63	0.00	58.60
rd（%）	1 308	0.21	0.72	0.00	9.85
ppesale（%）	1 308	0.38	1.18	0.00	8.34
dep（%）	1 308	3.99	1.89	0.05	9.03
amor（%）	1 308	0.23	0.33	0.00	3.02
Inew（%）	1 308	6.30	11.74	-7.68	73.11
Inew_alt（%）	1 308	6.55	11.93	-7.08	76.35
投资预期模型所使用相关变量					
vp	1 361	1.4346	1.1495	0.0520	7.7561
bm	1 362	1.4213	1.0995	0.0839	4.6973
lev	1 362	0.5707	0.1889	0.0467	1.0771
cash	1 281	0.1162	0.1258	0.0018	0.8857
firm_age	1 362	14.9626	5.2558	2.0000	27.0000
firm_size	1 362	22.6007	1.5236	19.1444	25.7349
yretwd	1 334	0.3101	0.8265	-0.7267	3.5643
公司治理数据					
dual（%）	1 304	9.05	28.70	0.00	100.00
board_size	1 348	10.0868	2.2654	5.0000	15.0000
board_indep（%）	1 347	35.80	4.54	28.57	57.14
board_share（%）	1 254	0.85	4.99	0.00	54.04
boar_compen	1 351	13.9183	0.6879	11.9576	16.0681
ownership_state（%）	1 362	20.07	24.49	0.00	71.15
ownership_institute（%）	1 362	6.80	14.74	0.00	75.00

注：投资及自由现金流相关数据变量已除以期初总资产以便对比。研发数据缺失值均标记为0。

与第四、第五章类似，附表7附上非能源类（除金融类外）上市企业相同变量的描述性统计以便进行对比。由表6-2和附表7可知，能源类上市企业的总投资约占总资产的 10.68%，加上研发投入后约占 10.93%，均高于非能源类企业的平均值（9.10% 和 10.52%），表明能源类上市企业的投资支出占比较大，但当计算研发投入后，能源与非能源类上市企业总投资占比的差距明显减少。从来源上看，能源类上市企业的固定资产投资构成了总投资的主要方面（9.21%），这一比例也明显高于非能源企业（6.59%），但能源类上市企业的研发投入仅占总资产的 0.21%，远远低于非能源类企业的 1.37%，反映出能源类企业投资比重虽大，但是对能够提高生产力的研发投入可能并不重视。从用途上看，能源类上市企业的折旧比例（3.99%）高于非能源类企业（2.40%），反映出能源类企业设备的损耗略高。除去维持资产的必要投资后，能源类上市企业中新投资占总资本的 6.30%，仍然高于非能源类上市企业的 6.22%，但考虑研发投入后该数值小于非能源类上市企业。

本章采用理查森（2006）的投资预期模型估计过度投资和自由现金流，表 6-2 中列出回归时所使用变量的描述性统计，对比附表 7 可知，能源企业的成长性更低[①]，企业经营年限和规模均较大，反映出明显的成熟企业特征。通过其他方面对比可知，能源企业杠杆水平更高，货币储备更低，股票年回报率相对较低。公司治理数据与第四、第五章类似，能源企业董事长与总经理两职分离情况更好，董事会规模更大，独立性较低，董事会持股比和高管薪酬更低，国有股占比明显更多，机构持股比相对较少。

第五节　实证结果及分析

本节将汇报能源类上市企业过度投资、自由现金流及公司治理之间关系的实证结果。首先汇报根据理查森（2006）建立的投资预期模型的回归结果，并利用该模型计算出过度投资和自由现金流，随后汇报公司治理对过度投资与自由现金流之间敏感性的影响。

---

① 理查森（2006）所构造的成长机会指标，数值越大代表成长性越低。

一、投资预期模型回归结果

根据前文所述,企业财务报告中的研发数据并未单独标明,而中国研究数据服务平台中的 CIRD 数据库对研发数据进行了整理。通过匹配我们发现,2005~2016 年仅有 38.70% 的能源类上市企业汇报了研发投入,考虑到可能是由于企业未披露,因此在根据图 6-2 和公式 (6.1) 构造投资相关变量时,对是否包含研发投入进行区分,投资预期模型的回归结果也分别汇报。模型 (6.3) 为投资预期模型的设定,是动态面板形式,使用混合最小二乘进行回归会得到向上的偏误,使用面板固定效应回归会得到向下的偏误(Nickell,1981;Andres et al.,2015),因此本章采用动态面板系统广义矩估计法,以求得到参数的一致估计。三种回归方法所得结果也一并总结于表 6-3。

表 6-3　　　　　　　　　投资预期模型回归结果

变量	模型 (6.3)					
	Pooled OLS	FE	System GMM	Pooled OLS	FE	System GMM
	Inew			Inew_alt		
L.Inew	0.2912*** (0.0438)	0.1879*** (0.0413)	0.2707*** (0.0568)			
L.Inew_alt				0.2894*** (0.0442)	0.1860*** (0.0423)	0.2654*** (0.0568)
L.vp	-0.0055** (0.0024)	-0.0096* (0.0051)	-0.0062** (0.0031)	-0.0051** (0.0025)	-0.0096* (0.0052)	-0.0058* (0.0031)
L.lev	-0.0408* (0.0211)	-0.0983*** (0.0284)	-0.0764*** (0.0255)	-0.0469** (0.0215)	-0.1019*** (0.0289)	-0.0821*** (0.0259)
L.cash	0.0901*** (0.0344)	0.1629*** (0.0391)	-0.0002 (0.0445)	0.0907** (0.0352)	0.1615*** (0.0395)	-0.0017 (0.0452)
L.firm_age	-0.0006 (0.0008)	-0.2848*** (0.0950)	-0.0010 (0.0010)	-0.0006 (0.0009)	-0.2848*** (0.0944)	-0.0010 (0.0010)
L.firm_size	-0.0007 (0.0030)	-0.0369*** (0.0112)	-0.0079* (0.0042)	-0.0012 (0.0031)	-0.0386*** (0.0112)	-0.0086** (0.0043)

续表

变量	模型（6.3）					
	Pooled OLS	FE	System GMM	Pooled OLS	FE	System GMM
	Inew			Inew_alt		
L. yretwd	0.0060 (0.0082)	-0.0008 (0.0074)	-0.0005 (0.0091)	0.0063 (0.0083)	-0.0006 (0.0075)	-0.0003 (0.0092)
年份及行业固定效应	是	是	是	是	是	是
截距项	0.0832 (0.0651)	3.5661*** (0.9465)	0.2875*** (0.1023)	0.0975 (0.0664)	3.6050*** (0.9402)	0.3081*** (0.1045)
AR（1）			[0.0000]			[0.0000]
AR（2）			[0.9480]			[0.9740]
Hansen统计量			[0.5170]			[0.5050]
样本数	1 136	1 136	1 136	1 136	1 136	1 136
调整 R^2	0.1445	0.1562		0.1419	0.1533	
企业数		125	125		125	125

注："L."代表滞后一期；Inew 与 Inew_alt 分别为不考虑和考虑研发后的新投资，vp 为理查森（2006）构造用于表示企业成长机会的变量，成长机会随该变量数值的增加而减少；lev 为杠杆率，用总负债除以总资产计算；cash 表示货币储备比，用（期末现金余额+短期投资净额）÷期初总资产计算；firm_age 为企业年龄，为当年与成立年份之差；firm_size 为企业规模，用总资产对数表示；yretwd 为考虑现金红利再投资的个股年回报率。***、**、* 分别表示在1%、5%、10%的水平上显著，() 中为稳健标准差，[] 中为 p 值。AR（1）和 AR（2）分别表示残差的一次差分项是否存在一阶和二阶序列自相关，原假设均为不存在自相关，Hansen 统计量为检验是否存在工具变量过度识别，原假设为工具变量无过度识别。

表6-3中，变量 L. Inew 和变量 L. Inew_alt 所对应参数回归值的相对大小，印证了混合最小二乘和面板固定效应回归方法的偏误，因此本章以动态面板系统广义矩估计法的参数为准进行解释，后续也以该参数估计值计算过度投资及自由现金流。查看表6-3所示回归结果，无论是否考虑研发投入，新投资滞后一期的系数均显著为正，表明能源类上市企业的投资具有粘性。

vp 表示企业成长机会，利用公式（6.4）计算，企业成长机会随着 vp 的降低而增加，结果表明系数始终显著为负，说明能源企业投资随着成长机会增加而显著增加。对比使用相同变量衡量成长机会的研究中,理查森(2006)和陈等(2016)分别以美国和中国上市企业为研究对象,均得到显著的回归系数,数值分别为 -0.035 和 -0.013。表 6-3 中显示系数介于 -0.0058 ~ -0.0062,在 10% 的水平上显著,本章的估计值绝对值更小,说明我国能源类上市企业的投资确实随着成长机会的增加而增加,但是敏感性更小。

其他系数方面,企业杠杆率明显抑制投资水平,反映出融资约束。企业规模也表现为显著的负向作用,这与俞红海等(2010)的研究结果相同。

二、自由现金流估计结果

根据表 6-3 中投资预期模型的回归结果和公式(6.2)可以构造过度投资和自由现金流。方程中因变量拟合值即为预期投资支出 I_{new}^E,残差拟合值则为异常投资支出 I_{new}^ε,$I_{new}^\varepsilon > 0$ 表示过度投资,反之为投资不足。现金流、预期投资及异常投资等变量解释和构造可见表 6-4,数据描述性统计可见表 6-5。

表 6-4　　　　　　企业自由现金流相关变量描述性统计

变量名称	变量解释	变量构造
cfo	经营产生的净现金流	经营活动产生的现金流量净额
IE_new	预期投资	投资预期模型因变量拟合值
IE_new_alt	预期投资(含研发)	投资预期模型因变量拟合值,其中因变量为考虑研发投入后的新投资
fcf	自由现金流	经营产生的净现金流 - 折旧 - 摊销 - 预期投资
fcf_alt	自由现金流(含研发)	经营产生的净现金流 - 折旧 - 摊销 - 考虑研发投入因素的预期投资
Ie_new	异常投资,正值为过度投资,负值为投资不足	投资预期模型残差拟合值
Ie_new_alt	异常投资(含研发),正值为过度投资,负值为投资不足	投资预期模型残差拟合值,其中因变量为考虑研发投入后的新投资

注:构造自由现金流所使用的折旧、摊销与研发投入数据已于表 6-2 进行归纳总结,此处不再赘述。

表 6–5　　　　　　企业自由现金流相关变量描述性统计　　　　　单位：%

变量名称	样本数	均值	标准差	最小值	最大值
cfo	1 308	8.37	8.65	-25.98	37.47
IE_new	1 136	6.08	4.32	-7.15	24.62
IE_new_alt	1 136	6.33	4.34	-6.53	25.06
fcf	1 136	-2.03	8.39	-32.06	27.00
fcf_alt	1 136	-2.50	8.50	-35.34	26.68
Ie_new	1 136	0.00	10.82	-25.98	71.83
Ie_new_alt	1 136	0.00	11.00	-26.42	75.00

注：各变量均已除以期初总资产以便对比。

由表 6–5 可得，我国能源类上市企业经营产生的净现金流占期初总资产的 8.37%，不考虑研发投入时，预期投资占比为 6.08%，考虑研发后这一比例略有提升至 6.33%，自由现金流均值与杨华军和胡奕明（2007）、陈等（2016）的研究结果一致，均为负值，占期初总资产的 2% ~2.5%。对该负值的理解需要注意的是，本章所使用的过度投资和自由现金流为估计所得的相对值，目的是直接对两者关系进行建模，而使用资产负债表计算所得的自由现金流数据表明，能源企业拥有显著高于非能源企业并且为正值的自由现金流（可见本书第三章第四节部分）。异常投资由于是模型残差的拟合值，因而均值为零。为了更好地表现企业过度投资和自由现金流的分布情况，本节计算了 125 家能源上市企业共 1 136 个样本[1]中过度投资（Ie_new >0 或 Ie_new_alt >0）和拥有正自由现金流（fcf >0 或 fcf_alt >0）的子样本数，并计算该子样本中涵盖的企业数，结果总结于表 6–6。

表 6–6　　　　　　过度投资及正自由现金流样本及企业数汇总

	样本划分	样本数	占比（%）	企业数	占比（%）
过度投资	Ie_new >0	438	38.56	117	93.60
	Ie_new_alt >0	430	37.85	115	92.00
正自由现金流	fcf >0	444	39.08	108	86.40
	fcf_alt >0	421	37.06	106	84.80

注：Ie_new >0 与 Ie_new_alt >0 分别表示不考虑和考虑研发的过度投资，fcf >0 与 fcf_alt >0 分别表示不考虑和考虑研发的正自由现金流。

---

[1] 由于回归方程中采用滞后项，因此计算拟合值时，样本量有所损失。

以不考虑研发投入为例，根据表6-6所示，投资预期模型得到的1 136个残差拟合值中，有438个大于零，表现为过度投资，这438个子样本中涵盖了125家能源上市公司中的117家。根据公式（6.2）可计算企业的自由现金流值，其中有444个样本拥有正自由现金流，涵盖了125家上市企业的108家。可见，几乎每家能源上市企业都曾经历过过度投资和拥有自由现金流的时刻，因此本节下一步根据模型（6.5）对自由现金流的过度投资问题进行探讨。回归时分别对全样本和过度投资样本进行回归，自变量则区分自由现金流的方向，回归结果见表6-7。

表6-7　　　　　　　　　自由现金流与过度投资回归结果

变量	模型（6.5）不含研发 异常投资	模型（6.5）不含研发 过度投资	模型（6.5）含研发 异常投资	模型（6.5）含研发 过度投资
Neg_fcf	0.0601 (0.0826)	-0.2432* (0.1295)		
Pos_fcf	0.4072*** (0.1284)	0.6136*** (0.1911)		
Neg_fcf_alt			0.0411 (0.0788)	-0.2405* (0.1249)
Pos_fcf_alt			0.4294*** (0.1354)	0.6525*** (0.2011)
年份及行业固定效应	是	是	是	是
截距项	-0.0084 (0.0097)	0.0477*** (0.0165)	-0.0099 (0.0098)	0.0431** (0.0168)
样本数	1 136	438	1 136	430
调整R^2	0.0149	0.0601	0.0134	0.0572

注：当fcf<0时，Neg_fcf=fcf，否则Neg_fcf=0；当fcf>0时，Pos_fcf=fcf，否则Pos_fcf=0。fcf为不考虑研发的自由现金流水平，当考虑研发时，构造方法相同，相应变量均以后缀"_alt"进行区别表示。***、**、*分别表示在1%、5%、10%的水平上显著，（）中为稳健标准差。

根据表6-7显示，Pos_fcf的参数估计值始终正向显著，且大于Neg_fcf的参数估计值，表明拥有自由现金流的企业更倾向于过度投资。平均而言，不考虑研发投入时，自由现金流相对期初总资产每增加1%，异常投资将增加

0.4072%，过度投资将增加0.6136%，因此印证了假设6.1，我国能源企业的确存在过度投资，且自由现金流会显著促进过度投资。李世君（2017）也指出能源企业的投资并没有相匹配的监管体系，投资者无法得知投入资金的使用途径，因此存在滥用、挪用内部资金的情况。值得注意的一点是，与以往使用全行业的结果（Richardson，2006；Chen et al.，2016）不同，当采用过度投资子样本回归时，Neg_fcf的影响显著为负，这说明企业陷入资金短缺状态时仍然有过度投资的存在，如果短缺情况得到减缓，过度投资也将减少，企业将转向良好的经营模式，但如果资金短缺程度加大，过度投资反而会随之增长，揭示了能源企业的投资存在不合理性。

三、公司治理与自由现金流的过度投资

表6-7已经表明自由现金流会显著促进我国能源类上市企业过度投资的增加，进而对过度投资子样本进行回归，并纳入公司治理因素与自由现金流的交互项。交互项系数可以探明具体公司治理机制对过度投资与自由现金流之间敏感性的影响。根据理论，若该机制能够减轻企业的代理问题，则应当降低企业过度投资与自由现金流的敏感性，交互项系数应为负，反之应为正（Richardson，2006；连玉君和程建，2007；Chen et al.，2016）。具体回归结果见表6-8。

表6-8　　　　　　　　公司治理因素回归结果

变量	模型（6.6）	
	(1) 过度投资（不含研发）	(2) 过度投资（含研发）
fcf	-1.7156 (2.1762)	-1.4953 (2.2194)
dual	-0.0606*** (0.0175)	-0.0605*** (0.0182)
board_size	-0.0036 (0.0022)	-0.0037 (0.0023)
board_indep	0.1593 (0.1763)	0.1642 (0.1860)

续表

变量	模型（6.6）	
	(1) 过度投资（不含研发）	(2) 过度投资（含研发）
board_share	0.7860***	1.0552***
	(0.2830)	(0.3295)
boar_compen	-0.0047	-0.0002
	(0.0150)	(0.0162)
ownership_state	0.0305	0.0306
	(0.0295)	(0.0292)
ownership_institute	0.2331***	0.2313***
	(0.0731)	(0.0754)
dual×fcf	0.3301	0.3350*
	(0.2186)	(0.1949)
board_size×fcf	0.0039	0.0060
	(0.0345)	(0.0360)
board_indep×fcf	0.8264	0.6162
	(1.8612)	(1.8589)
board_share×fcf	8.6461***	8.7892***
	(2.4976)	(2.3310)
boar_compen×fcf	0.0875	0.0728
	(0.1462)	(0.1474)
ownership_state×fcf	1.1266***	1.1862***
	(0.3375)	(0.3399)
ownership_institute×fcf	0.4272	0.6910
	(0.7198)	(0.6337)
年份及行业固定效应	是	是
截距项	0.0900	0.0295
	(0.2203)	(0.2360)
样本数	395	388
调整 R^2	0.1666	0.1687

注：第（1）列为不含研发的过度投资（Ie_new）及自由现金流变量（fcf）的回归结果，交互项为各公司治理机制与 fcf 的乘积；第（2）列为含研发的过度投资（Ie_new_alt）及自由现金流变量（fcf_alt）的回归结果，交互项为各公司治理机制与 fcf_alt 的乘积，为避免表格过于冗长此处并未单独标出不同变量。dual 为董事长与总经理兼任虚拟变量，兼任为1，否则为0；board_size 为董事会规模，用董事会人数表示；board_indep 为董事会独立性，用独立董事占比表示；board_share 为董事会持股比；board_compen 为高管薪酬，用董事、监事、高级管理人员前三名薪酬总额的对数表示；ownership_state 为国有股占比，ownership_institute 为机构持股比。***、**、* 分别表示在1%、5%、10%的水平上显著，括号中为稳健标准差。

对表 6-8 的解释仍然分为两个步骤：第一看交互项系数估计值的方向、大小与显著性；第二看自由现金流的边际效应。交互项系数中，国有股占比不论考虑研发投入与否均在 1% 显著性水平上显著，说明国有股比例的增加会进一步提高过度投资—自由现金流敏感性，这印证了假设 6.6。国有股占比此次效果不如第四、第五章，没有表现出缓解代理问题的作用，说明国有法人虽然能够为能源类上市企业的稳定发展保驾护航，但当涉及自由现金流的过度投资方面时也无法起到缓解代理问题的作用。结合能源类企业投资存在一定的战略意义和政治意图，过度投资随着国有股占比的增加而增加也不难理解。

激励机制方面，董事会持股比和高管薪酬交互项系数均为正，前者在表 6-8 所示的两方程回归结果中均在 1% 显著性水平上显著，后者在统计上并不显著，因此无法印证假设 6.5。丘（Cho, 1998）和哈德洛克（Hadlock, 1998）都发现当内部人持股比处于较低水平时，投资会随着内部持股比的增加而增加，董艳和李凤（2011）认为我国股权激励水平太低所以无法真正起到降低代理成本的作用。数据显示，我国能源类上市公司内董事会持股比平均水平只有 0.85%，由此看来我国能源类上市企业的激励方案无法真正将经理人与股东的权益相结合，不能起到缓解代理问题的作用，反而加剧了过度投资与自由现金流之间的敏感性。

董事长与总经理兼任交互项的回归系数仅在考虑研发投入后的过度投资回归中显著，说明两职兼任确实会带来代理成本的增加，两职分离能够减少过度投资，但是统计上效果不够明显，部分支持了假设 6.2。

其余公司治理机制的交互项系数都为正，但在统计上不显著。由此看来本书所选取的公司治理机制无法有效降低过度投资与自由现金流敏感性，反映出能源企业内过度投资与自由现金流之间敏感性较强。由于加入了交互项，自由现金流系数并不能完全反映其对过度投资的作用，因此将自由现金流的边际效应进行计算并汇报于表 6-9。

表 6-9 结果显示，无论是否计算研发投入，自由现金流与过度投资都有显著的促进作用，具体而言，当其他因素不变，自由现金流相对期初资本每增加 1%，过度投资相应地增加 0.13% 左右。对比表 6-7 中回归系数，引入了公司治理各变量后过度投资与自由现金流之间的敏感性仍然存在，但是数值减小了，这是因为计算边际效应时使用的是协变量的均值，同时也印证了詹森（1986）的自由现金流假说，自由现金流引发股东与经理人之间的代理成本，从而促进

了过度投资。能源企业内充沛的自由现金流使这些公司治理机制失效,代理成本增加,导致了过度投资。

表 6-9　　　　　　　　自由现金流—过度投资敏感性

回归模型	回归结果	因变量	自变量	样本数	边际效应	标准误	t 值
模型(6.6)	表 6-8 第(1)列	Ie_new	fcf	395	0.1356*	0.0787	1.7200
模型(6.6)	表 6-8 第(2)列	Ie_new_alt	fcf_alt	388	0.1315*	0.0759	1.7300

注:边际效应的计算基于表 6-8 中的回归结果,Ie_new 与 Ie_new_alt 分别表示不考虑和考虑研发的过度投资,fcf 与 fcf_alt 分别表示不考虑和考虑研发的自由现金流。标准误为使用 Delta 法计算所得,***、**、* 分别表示在 1%、5%、10% 的水平上显著。

四、稳健性检验

在对成长机会进行衡量时,本章参照理查森(2006)和陈等(2016)的研究,采用公式(6.4)构造 $\frac{V}{P}$,此处我们改用账面市值比(俞红海等,2010;Chen et al.,2016)来衡量,企业成长机会同样随着账面市值比的减少而增加。随后重新对投资预期模型(6.3)进行回归,重新计算过度投资与自由现金流,并重新回归模型(6.5)及模型(6.6)。为避免汇报结果过于冗长,本节汇报基于模型(6.6),即表 6-8 的稳健性检验结果,用于验证公司治理机制对过度投资与自由现金流之间敏感性的作用是否稳健,其余结果可见附表 8。

由表 6-10 可看出改用账面市值比衡量成长机会后,各公司治理机制对能源企业过度投资与自由现金流敏感性的影响方向均未改变,董事长与总经理两职合一的影响更加显著,表现出董事长与总经理两职分离确实能够有效降低过度投资与自由现金流之间的敏感性。附表 8 可看出能源企业投资随着成长机会的增长仍然显著增加,其余各回归结果符号与显著性均相同。整体看来,稳健性检验的回归结果与主回归结果吻合,表明本章所得回归结果较为稳健。

表 6-10　使用账面市值比衡量企业成长机会的稳健性检验

变量	模型 (6.6) (1) 过度投资（不含研发）	模型 (6.6) (2) 过度投资（含研发）
fcf	-1.3469 (2.2455)	-1.1751 (2.2797)
dual	-0.0557*** (0.0159)	-0.0525*** (0.0156)
board_size	-0.0036 (0.0023)	-0.0034 (0.0024)
board_indep	0.1738 (0.1784)	0.1842 (0.1821)
board_share	0.6003** (0.2331)	0.8928*** (0.3066)
boar_compen	-0.0050 (0.0153)	-0.0045 (0.0163)
ownership_state	0.0333 (0.0286)	0.0451 (0.0309)
ownership_institute	0.2743*** (0.0716)	0.2786*** (0.0752)
dual × fcf	0.4231** (0.2007)	0.3579* (0.1945)
board_size × fcf	0.0141 (0.0356)	0.0270 (0.0348)
board_indep × fcf	1.1399 (1.8558)	0.7604 (1.8414)
board_share × fcf	7.7385*** (2.1877)	7.8220*** (2.2550)
boar_compen × fcf	0.0440 (0.1579)	0.0312 (0.1576)
ownership_state × fcf	1.1682*** (0.3441)	1.2392*** (0.3506)
ownership_institute × fcf	0.7258 (0.8053)	0.9920 (0.6836)
年份及行业固定效应	是	是

续表

变量	模型（6.6）	
	（1）	（2）
	过度投资（不含研发）	过度投资（含研发）
截距项	0.0856 (0.2213)	0.0679 (0.2323)
样本数	397	393
调整 R^2	0.1799	0.1827

注：第（1）列为不含研发的过度投资（Ie_new）及自由现金流变量（fcf）的回归结果，第（2）列为含研发的过度投资（Ie_new_alt）及自由现金流变量（fcf_alt）的回归结果，为避免表格过于冗长此处并未单独标出不同变量。dual 为董事长与总经理兼任虚拟变量，兼任为1，否则为0；board_size 为董事会规模，用董事会人数表示；board_indep 为董事会独立性，用独立董事占比表示；board_share 为董事会持股比；board_compen 为高管薪酬，用董事、监事、高级管理人员前三名薪酬总额的对数表示；ownership_state 为国有股占比，ownership_institute 为机构持股比。***、**、*分别表示在1%、5%、10%的水平上显著，()中为稳健标准差。

第六节 本章小结

本章从能源类上市企业自由现金流过多这一事实出发，利用理查森（2006）的投资预期模型估计出能源类上市企业的预期投资，该预期投资反映了企业的适当投资，并以此为根据计算企业的过度投资和自由现金流。该方法使得过度投资和自由现金流之间能够直接建立模型并查看两者之间的敏感性，因此本章建立模型查看自由现金流对过度投资的作用，随后加入公司治理变量与自由现金流的交互项，查看公司治理变量对两者敏感性的作用。

预期投资模型结果表明我国能源企业的投资具有粘性，成长机会的增加会促进投资的增加，但是促进作用较小。自由现金流对投资有着显著正向促进作用，尤其是过度投资，同时本章还发现，与以往研究截然不同，即使在能源企业没有自由现金流或者现金流短缺时，自由现金流依然会增加过度投资。当查看各公司治理机制对过度投资与自由现金流之间敏感性的影响时，本章发现仅董事长与总经理两职分离表现出降低过度投资与自由现金流敏感性的作用，其余董事会机制和股权结构机制均无法有效降低代理成本，其中董事会持股和国有股占比的增加将显著增加过度投资与自由现金流的敏感性。

第七章
研究结论、建议与未来研究展望

能源是现代经济社会发展的基础。当前，随着我国经济步入新常态，能源发展的质量和效率问题日益突出。为顺利完成"建设清洁低碳、安全高效的现代能源体系"的目标，能源转型变革任重道远。能源企业作为能源转型的执行主体，其经营决策和治理效果，对国家宏观经济和能源行业的健康发展都有着重要影响。本书立足于能源企业的特殊性，从微观视角审视公司治理如何影响我国能源上市企业的投融资决策，补充了以往理论，扩大了研究范畴。本章就全书研究结论进行回顾总结，提出相应政策建议，并指出今后进一步研究的方向。

第一节 主要研究结论

首先，本书探讨了公司治理如何影响能源企业资本结构动态调整问题。能源企业有着显著更高的杠杆率，需要合理降低负债，但是负债降低会减少对经理人的约束，向下调整的速度会快于最优速度，然而好的公司治理机制能够抑制过快的向下调整速度。结果表明，高管薪酬和国有股占比的增加能够显著降低向下调整速度，而董事会规模、独立性及持股比的增加则会进一步加快向下调整速度。

其次，本书研究了公司治理对能源企业现金股利发放平稳性的影响。发放平稳的现金股利，可以消耗自由现金流，迫使企业转向外部融资，增加外部监督，尤其适用于能源企业。结果表明，能源企业现金股利发放平稳性较差，高管薪酬和国有股占比的增加能够显著促进现金股利发放的平稳性，机构持股比则会降低平稳性。

最后，本书考查了公司治理对能源企业内过度投资与自由现金流敏感性的影响。能源企业拥有更为充沛的自由现金流，由此可能引发严重的代理问题，导致过度投资。结果表明，我国能源企业确有过度投资现象，且自由现金流对过度投资有着显著的促进作用。公司治理机制中仅董事长总经理两职分离能够显著降低过度投资与自由现金流之间的敏感性，董事会持股比和国有股占比的增加将显著促进该敏感性。

综合全书结果,各公司治理机制在能源企业不同生产经营环节的作用不一。第一,董事会规模和独立性的增加在融资、股利分配和投资三个环节都没有发挥积极作用。第二,作为激励机制的董事会持股和高管薪酬的效果不同,董事会持股比的增加无法缓解代理问题,将增加过度投资与自由现金流敏感性;高管薪酬则能够较好地降低代理成本,既能抑制能源企业资本结构过快地向下调整,也能促进现金股利的平稳发放。第三,董事长与总经理两职分离能够减少企业过度投资与自由现金流敏感性,但是对资本结构调整和稳定股利发放没有显著作用。第四,国有股占比的增加在每一环节作用都很显著,能够有效抑制资本结构过快向下调整,促进股利平稳发放,但也会增强过度投资与自由现金流敏感性。第五,机构持股比仅表现出降低股利发放平稳性的作用,显示出与平稳的股利发放之间呈替代作用。

第二节 相关建议

本书系统地探讨了公司治理对能源企业投融资决策的影响,根据研究结论,建议如下:

首先,针对无法发挥作用的董事会规模和独立性,本书建议能源企业适度精简董事会规模,建立高效的沟通机制,加强董事会责任感,提高董事会成员参与决策制定的积极性。同时,完善独立董事提名机制,适当对独立董事施以激励,并对其工作范畴进行规定,防止出现"花瓶董事",使独立董事能够真正从企业和小股东的利益出发,参与决策制定和企业管理。

其次,对于董事会持股比和高管薪酬,虽同样都是激励机制,但效果不一,本书建议适当提高薪酬水平,并加强高管薪资与企业绩效之间的关联,同时重新设计更为合理的股权激励方案,根据实际情况加大股权激励覆盖面,让管理层利益能够切实与企业挂钩,有效发挥激励机制作用。

再次,董事长与总经理两职分离机制,对降低代理成本有一定作用。数据表明,能源企业董事长与总经理两职分离程度较高,本书建议有效保持运用该机制，避免两职合一，杜绝经理人刚愎自用。

最后，针对股权结构，国有股能够在融资和股利分配环节都表现出良好的治理效果，但在投资环节却无法有效缓解代理成本。而机构持股并没有表现出良好的治理效果。数据显示，能源企业内国有股占比较高，机构股占比相对较少，本书建议，一是处理好国有股与其他股份之间的关系，并针对能源企业投资使用第三方独立评估机构，适当减少投资的政策意义和政治关联性，更多地以企业价值最大化和市场为导向制定决策；二是听取和借鉴专业投资人的先进管理经验，真正地让持股的机构法人"用手投票"，参与企业的经营决策制定。

第三节　研究展望

公司治理对企业经营有着重要的现实意义，正因如此，公司治理成为以往公司金融文献中重点关注的领域。随着时间的发展，公司治理仍存在很多尚待发掘的地方。能源是经济增长的保障和助力，每一个微观能源企业都为整个行业和宏观经济保驾护航。研究能源公司金融问题，既推动了公司治理，又推动了能源金融领域的发展。目前，能源金融领域还很新颖，有关能源公司金融的研究更是寥寥无几，本书根据能源企业的显著不同，针对性、系统性地研究了公司治理对能源上市企业投资、股利分配和融资决策的影响，为能源公司金融的发展起到了抛砖引玉的作用。

当然，本书仍存在一些不足。首先，文章主要从实证的角度进行研究，未来可以考虑从理论出发，加入能源企业的特点，建立专属于能源企业的公司金融理论。

其次，本书为了系统考察能源企业公司治理与投融资决策，只选取了每一环节中的一个问题进行研究。事实上，企业运营过程中，每一环节都有许多值得深入挖掘的地方，以股利分配为例，除了现金股利发放外，还可以探讨公司治理与股份回购机制的关系。

再次，本书主要从董事会机制和股权结构方面探讨能源企业的公司治理，没有涉及其他方面的公司治理机制。未来可以考虑针对能源企业的战略政策意义，研究如董事会成员的政治关联与企业经营决策之间的关系。此外，各研究问题并不相互独立，可以考虑将投融资决策交叉研究，如可以针对能源企业自由现金流丰富这一特点，研究现金股利发放和过度投资之间的关系。

最后，本书虽然在数据方面已有很大的进步，但是仍然存在样本量偏小的问题，未来可以考虑收集不同国家的能源企业数据，扩大样本量，进行横向对比研究。

荀子在《劝学》中写道："故不积跬步，无以至千里；不积小流，无以成江海。"每一次研究上的突破如水滴，积少成多，汇聚成知识的汪洋。只有不断摸索前进，才能更好地推进能源与金融研究，为国家经济发展献计献策。

附 录

附表 1　　截至 2016 年底上市公司行业分类及企业数

行业名称	行业代码	企业个数	行业名称	行业代码	企业个数
农业	A01	14	**电力、热力生产和供应业**	**D44**	**67**
林业	A02	3	**燃气生产和供应业**	**D45**	**20**
畜牧业	A03	14	水的生产和供应业	D46	14
渔业	A04	9	房屋建筑业	E47	1
农、林、牧、渔服务业	A05	2	土木工程建筑业	E48	61
煤炭开采和洗选业	**B06**	**22**	建筑安装业	E49	1
石油和天然气开采业	**B07**	**5**	建筑装饰和其他建筑业	E50	25
黑色金属矿采选业	B08	4	批发业	F51	70
有色金属矿采选业	B09	22	零售业	F52	84
开采辅助活动	B11	14	铁路运输业	G53	4
农副食品加工业	C13	36	道路运输业	G54	31
食品制造业	C14	38	水上运输业	G55	26
酒、饮料和精制茶制造业	C15	41	航空运输业	G56	11
纺织业	C17	34	装卸搬运和运输代理业	G58	4
纺织服装、服饰业	C18	30	仓储业	G59	7
皮革、毛皮、羽毛及其制品和制鞋业	C19	8	邮政业	G60	5
木材加工及木、竹、藤、棕、草制品业	C20	8	住宿业	H61	5
家具制造业	C21	13	餐饮业	H62	2
造纸及纸制品业	C22	26	电信、广播电视和卫星传输服务	I63	15
印刷和记录媒介复制业	C23	10	互联网和相关服务	I64	48
文教、工美、体育和娱乐用品制造业	C24	10	软件和信息技术服务业	I65	151

续表

行业名称	行业代码	企业个数	行业名称	行业代码	企业个数
石油加工、炼焦及核燃料加工业	**C25**	**15**	货币金融服务	J66	24
化学原料及化学制品制造业	C26	187	资本市场服务	J67	33
医药制造业	C27	178	保险业	J68	6
化学纤维制造业	C28	20	其他金融业	J69	9
橡胶和塑料制品业	C29	55	房地产业	K70	120
非金属矿物制品业	C30	73	租赁业	L71	4
黑色金属冶炼及压延加工业	C31	28	商务服务业	L72	38
有色金属冶炼及压延加工业	C32	58	研究和试验发展	M73	3
金属制品业	C33	48	专业技术服务业	M74	25
通用设备制造业	C34	107	生态保护和环境治理业	N77	19
专用设备制造业	C35	171	公共设施管理业	N78	15
汽车制造业	C36	95	机动车、电子产品和日用产品修理业	O80	1
铁路、船舶、航空航天和其他运输设备	C37	36	教育	P82	2
电气机械及器材制造业	C38	187	卫生	Q83	8
计算机、通信和其他电子设备制造业	C39	260	新闻和出版业	R85	20
仪器仪表制造业	C40	40	广播、电视、电影和影视录音制作	R86	20
其他制造业	C41	16	文化艺术业	R87	5
废弃资源综合利用业	**C42**	**5**	综合	S90	23

注：删除暂停上市、终止上市的企业，并剔除ST股和尚未完成股改的S股，最终得到2 969家上市企业，其中粗体表示能源类上市企业，共计134家。

资料来源：CSMAR数据库。

附表2　　　　　　　　　　资本结构指标选取

变量名	变量构成
资产负债率（%）	负债总额÷资产总额

续表

变量名	变量构成
产权比率（%）	负债总额÷所有者权益总额
每股负债（元）	负债总额期末值÷实收资本本期期末值
长期借款与总资产比（%）	长期借款÷资产总额
长期负债权益比率（%）	非流动负债总额÷所有者权益总额
长期资本负债率（%）	非流动负债总额÷（所有者权益总额+非流动负债总额）
有形资产负债率（%）	负债总额÷（资产总计–无形资产净额–商誉净额）
发行债券收到的现金（亿元）	通过发行债券筹集资金所收到的现金
取得借款收到的现金（亿元）	公司向银行或其他金融机构等借入的资金
偿还债务支付的现金（亿元）	公司以现金偿还债务的本金，包括偿还银行或其他金融机构等的借款本金、偿还债券本金等

注：平均余额均由（本期期末值+上年年末值）÷2 计算所得。

附表3　　　　　　　　　　　股利分配指标选取

变量名	变量构造
税前每股现金股利（元）	根据红利分配原始文件进行年度加总
税后每股现金股利（元）	根据红利分配原始文件进行年度加总
每股收益（元）	净利润÷实收资本本期期末值
股利分配率（%）	税前每股现金股利÷每股收益
税前派息数（元）	根据红利分配原始文件进行年度加总

附表4　　　　　　　　　　　投资指标选取

变量名	变量构成
企业自由现金流（亿元）	（净利润+利息费用+非现金支出）–营运资本追加–资本性支出
现金再投资比率（%）	经营活动产生的现金流量净额÷（固定资产净额+持有至到期投资净额+长期债权投资净额+长期股权投资净额+流动资产合计–流动负债合计）
投资收益率（%）	本期投资收益÷（长期股权投资本期期末值+持有至到期投资本期期末值+交易性金融资产本期期末值+可供出售金融资产本期期末值+衍生金融资产本期期末值）

续表

变量名	变量构成
长期股权投资净额（亿元）	长期股权投资与长期股权投资减值准备之差额，2007年前长期股权投资定义为公司不准备在一年内（含一年）变现的各种股权性质的投资，包括购入的股票和其他股权投资，2007年新准则后将原"长期股权投资"分别在"长期股权投资""可供出售金融资产""商誉"中核算
长期债权投资净额（亿元）	长期债权投资与长期债权投资减值准备之差额。长期债权投资指公司不准备在一年内（含一年）变现的各种债权性质的投资，如债券投资

附表5 非能源企业（除金融类外）资本结构、财务及公司治理数据描述性统计

变量名称	样本数	均值	标准差	最小值	最大值
杠杆率（%）					
leverage	16 979	45.02	22.31	4.90	109.82
leverage_alt	16 683	43.92	23.25	4.17	124.67
财务数据					
profit	20 462	0.0543	0.0621	−0.2308	0.2309
growth	20 462	2.6544	1.9146	0.9066	11.5660
non_tax	20 462	0.0243	0.0162	0.0006	0.0793
firm_size	20 462	21.7927	1.2532	19.1157	26.5727
mortgage	20 462	0.2322	0.1681	0.0023	0.7514
ind_median_lev	20 461	0.4436	0.1210	0.1983	0.7832
公司治理数据					
dual（%）	20 462	21.84	41.31	0.00	100.00
board_size	20 348	8.8657	1.7634	3.0000	19.0000
board_indep（%）	20 348	36.83	5.38	9.09	80.00
board_share（%）	19 566	9.68	17.82	0.00	64.28
boar_compen	20 390	14.0257	0.8068	11.2645	16.2497
ownership_state（%）	20 462	9.74	18.69	0.00	74.77
ownership_institute（%）	20 462	11.14	19.32	0.00	75.00

附表6　　非能源行业（除金融类外）股利分配相关数据描述统计

变量名称	样本数	均值	标准差	最小值	最大值
股利分配及盈余数据					
cd_bt（元）	20 363	0.0975	0.1423	0	0.7900
eps（元）	20 363	0.3354	0.4709	-1.1108	2.1983
市场摩擦数据					
firm_size	20 363	21.7924	1.2373	19.1937	25.7349
firm_age	20 363	18.3296	5.0160	7.0000	30.0000
roa	20 363	0.0364	0.0587	-0.2376	0.1954
lev	20 363	0.4521	0.2215	0.0470	1.0758
mb	20 363	2.1914	1.9865	0.2129	11.6362
tan_asst	20 363	0.9389	0.0771	0.5556	1.0000
ana	20 363	1.4913	1.1366	0	3.6636
中国资本市场政策数据					
accstan	20 363	0.8900	0.3129	0	1.0000
cross	20 363	0.0690	0.2535	0	1.0000
公司治理数据					
dual（%）	20 363	21.71	41.23	0	100.00
board_size	20 251	8.8672	1.7451	5.0000	15.0000
board_indep（%）	20 251	36.84	5.17	0.2857	57.14
board_share（%）	19 468	9.60	17.81	0	65.79
boar_compen	20 293	14.0267	0.7930	11.9644	16.0602
ownership_state（%）	20 363	9.77	18.65	0	71.15
ownership_institute（%）	20 363	11.07	19.28	0	75.00

附表7　　非能源行业（除金融类外）投资相关数据描述统计

变量名称	样本数	均值	标准差	最小值	最大值
投资数据					
Itotal（%）	18 847	9.10	12.37	-3.77	79.01
Itotal_alt（%）	18 847	10.52	12.85	-3.32	81.74
capexp（%）	18 847	6.59	7.25	0.02	39.72
acqexp（%）	18 868	2.65	8.43	0	58.60
rd（%）	18 868	1.37	1.95	0	9.85

续表

变量名称	样本数	均值	标准差	最小值	最大值
ppesale（%）	18 868	0.37	1.16	0	8.34
dep（%）	18 860	2.40	1.72	0.05	9.03
amor（%）	18 868	0.39	0.53	0.00	3.02
Inew（%）	18 840	6.22	11.96	-7.68	73.11
Inew_alt（%）	18 840	7.65	12.48	-7.08	76.35
投资预期模型所使用相关变量					
vp	20 441	1.2553	1.3077	0.0520	7.7561
bm	20 460	0.8970	0.8319	0.0839	4.6973
lev	20 460	0.4513	0.2218	0.0467	1.0771
cash	18 509	0.1972	0.1690	0.0018	0.8857
firm_age	20 460	13.5951	5.4049	2.0000	27.0000
firm_size	20 460	21.7898	1.2404	19.1444	25.7349
yretwd	19 354	0.3529	0.8152	-0.7267	3.5643
公司治理数据					
dual（%）	19 763	22.61	41.83	0	100.00
board_size	20 346	8.8631	1.7466	5.0000	15.0000
board_indep（%）	20 346	36.84	0.0517	28.57	57.14
board_share（%）	19 564	9.70	17.87	0	65.68
boar_compen	20 388	14.0273	0.7933	11.9576	16.0681
ownership_state（%）	20 460	9.72	18.61	0	71.15
ownership_institute（%）	20 460	11.14	19.32	0	75.00

注：投资及自由现金流相关数据变量已除以期初总资产以便对比。研发数据缺失值均标记为0。

附表8　　使用账面市值比的稳健性检验

	板块A：投资预期模型稳健性检验	
变量	模型（6.3）	
	Inew	Inew_alt
L.Inew	0.2836*** (0.0556)	
L.Inew_alt		0.2772*** (0.0555)

续表

板块 A：投资预期模型稳健性检验

变量	模型 (6.3)	
	Inew	Inew_alt
L.bm	-0.0148***	-0.0152***
	(0.0053)	(0.0054)
L.lev	-0.0390	-0.0431
	(0.0268)	(0.0276)
L.cash	-0.0233	-0.0256
	(0.0500)	(0.0508)
L.firm_age	-0.0008	-0.0008
	(0.0010)	(0.0010)
L.firm_size	-0.0071*	-0.0077*
	(0.0043)	(0.0044)
L.yretwd	-0.0054	-0.0055
	(0.0096)	(0.0098)
年份及行业固定效应	是	是
截距项	0.2644**	0.2820**
	(0.1085)	(0.1114)
AR (1)	[0.0000]	[0.0000]
AR (2)	[0.9040]	[0.8160]
Hansen 统计量	[0.5930]	[0.5790]
样本数	1 137	1 137
企业数	125	125

板块 B：自由现金流与过度投资稳健性检验

变量	模型 (6.5)			
	不含研发		含研发	
	异常投资	过度投资	异常投资	过度投资
Neg_fcf	0.0789	-0.2550**		
	(0.0803)	(0.1281)		
Pos_fcf	0.4797***	0.6376***		
	(0.1303)	(0.1939)		
Neg_fcf_alt			0.0598	-0.2263*
			(0.0768)	(0.1198)

续表

板块 B：自由现金流与过度投资稳健性检验

变量	模型（6.5）			
	不含研发		含研发	
	异常投资	过度投资	异常投资	过度投资
Pos_fcf_alt			0.5085***	0.6625***
			(0.1383)	(0.2057)
年份及行业固定效应	是	是	是	是
截距项	-0.0097	0.0497***	-0.0114	0.0492***
	(0.0098)	(0.0171)	(0.0100)	(0.0179)
样本数	1 137	443	1 137	440
调整 R^2	0.0265	0.0583	0.0252	0.0557

注：板块 A 的回归结果基于系统广义矩估计法。"L."代表滞后一期；Inew 与 Inew_alt 分别为不考虑和考虑研发后的新投资，bm 为账面市值比，成长机会账面市值比的增加而减少；lev 为杠杆率，用总负债除以总资产计算；cash 表示货币储备比，用（期末现金余额 + 短期投资净额）÷ 期初总资产计算；firm_age 为企业年龄，为当年与成立年份之差；firm_size 为企业规模，用总资产对数表示；yretwd 为考虑现金红利再投资的个股年回报率。当 fcf < 0 时，Neg_fcf = fcf，否自 Neg_fcf = 0，当 fcf > 0 时，Pos_fcf = fcf，否则 Pos_fcf = 0，fcf 为不考虑研发的自由现金流水平，当考虑研发时，构造方法相同，相应变量均以后缀 "_alt" 进行区别表示。*** 分别代表系数在 1%、5% 及 10% 显著性水平上显著，（）中为稳健标准差，[ ] 中为 p 值。AR（1）和 AR（2）分别表示残差的一次差分项是否存在一阶和二阶序列自相关，原假设均为不存在自相关，Hansen 统计量为检验是否存在工具变量过度识别，原假设为工具变量无过度识别。

参考文献

[1] 白净、王冬梅：《我国能源企业营运资本管理研究》，载于《统计与决策》2009 年第 19 期。

[2] 常亮：《银行授信与资本结构动态调整——来自中国上市公司的经验证据》，载于《南方经济》2012 年第 9 期。

[3] 陈名芹：《中国上市公司现金股利不平稳的影响因素与经济后果研究》，重庆大学博士学位论文，2016 年。

[4] 董艳、李凤：《管理层持股、股利政策与代理问题》，载于《经济学》（季刊）2011 年第 3 期。

[5] 冯巍：《内部现金流量和企业投资》，载于《经济科学》1999 年第 1 期。

[6] 韩建丽、张瑞稳：《我国能源类企业资本结构研究》，载于《消费导刊》2009 年第 6 期。

[7] 何金耿、丁加华：《上市公司投资决策行为的实证分析》，载于《证券市场导报》2001 年第 9 期。

[8] 黄继承、姜付秀：《产品市场竞争与资本结构调整速度》，载于《世界经济》2015 年第 7 期。

[9] 黄继承、阚铄、朱冰等：《经理薪酬激励与资本结构动态调整》，载于《管理世界》2016 年第 11 期。

[10] 黄乾富、沈红波：《债务来源、债务期限结构与现金流的过度投资——基于中国制造业上市公司的实证证据》，载于《金融研究》2009 年第 9 期。

[11] 姜付秀、黄继承：《市场化进程与资本结构动态调整》，载于《管理世界》2011 年第 3 期。

[12] 姜付秀、屈耀辉、陆正飞等：《产品市场竞争与资本结构动态调整》，载于《经济研究》2008 年第 4 期。

[13] 姜付秀、张敏、陆正飞等：《管理者过度自信、企业扩张与财务困

境》，载于《经济研究》2009 年第 1 期。

[14] 兰强：《金融发展、融资约束与能源产业投资效率研究》，中国地质大学（北京）博士学位论文，2015 年。

[15] 李常青、魏志华、吴世农：《半强制分红政策的市场反应研究》，载于《经济研究》2010 年第 3 期。

[16] 李茂良、李常青、魏志华：《中国上市公司股利政策稳定吗——基于动态面板模型的实证研究》，载于《山西财经大学学报》2014 年第 3 期。

[17] 李启明：《经济转型、经营战略、公司治理与中国能源上市公司经营表现》，中国石油大学（北京）博士学位论文，2016 年。

[18] 李世君：《能源企业投融资相关问题及发展策略探讨》，载于《财会学习》2017 年第 24 期。

[19] 李悦、熊德华、张峥等：《公司财务理论与公司财务行为——来自 167 家中国上市公司的证据》，载于《管理世界》2007 年第 11 期。

[20] 李云鹤：《公司过度投资源于管理者代理还是过度自信》，载于《世界经济》2014 年第 12 期。

[21] 连玉君、程建：《投资——现金流敏感性：融资约束还是代理成本？》，载于《财经研究》2007 年第 2 期。

[22] 连玉君、钟经樊：《中国上市公司资本结构动态调整机制研究》，载于《南方经济》2007 年第 1 期。

[23] 刘津宇、王正位、朱武祥：《过度投资的理论与实证研究：综述与反思》，载于《投资研究》2014 年第 8 期。

[24] 刘星、陈名芹：《中国上市公司股利平稳性理论框架构建——基于国内外股利平稳性前沿研究的综述与分析》，载于《会计研究》2016 年第 4 期。

[25] 刘星、宋彤彤、陈名芹：《股权激励、代理冲突与股利平稳性——基于持股管理者寻租的研究视角》，载于《华东经济管理》2016 年第 11 期。

[26] 陆正飞、高强：《中国上市公司融资行为研究——基于问卷调查的分析》，载于《会计研究》2003 年第 10 期。

[27] 罗琦、肖文翀、夏新平：《融资约束抑或过度投资——中国上市企业投资—现金流敏感度的经验证据》，载于《中国工业经济》2007 年第 9 期。

[28] 吕长江、王克敏：《上市公司股利政策的实证分析》，载于《经济研

究》1999 年第 12 期。

[29] 马晓微、魏一鸣：《我国能源投融资现状及面临的机遇与挑战》，载于《中国能源》2009 年第 12 期。

[30] 毛新述、周小伟：《政治关联与公开债务融资》，载于《会计研究》2015 年第 6 期。

[31] 闵亮、沈悦：《宏观冲击下的资本结构动态调整——基于融资约束的差异性分析》，载于《中国工业经济》2011 年第 5 期。

[32] 任有泉：《中国上市公司股利政策稳定性的实证研究》，载于《清华大学学报》（哲学社会科学版）2006 年第 1 期。

[33] 苏冬蔚、曾海舰：《宏观经济因素与公司资本结构变动》，载于《经济研究》2009 年第 12 期。

[34] 唐雪松、周晓苏、马如静：《上市公司过度投资行为及其制约机制的实证研究》，载于《会计研究》2007 年第 7 期。

[35] 王彦超：《融资约束、现金持有与过度投资》，载于《金融研究》2009 年第 7 期。

[36] 魏明海、柳建华：《国企分红、治理因素与过度投资》，载于《管理世界》2007 年第 4 期。

[37] 翁洪波、吴世农：《机构投资者、公司治理与上市公司股利政策》，载于《中国会计评论》2007 年第 3 期。

[38] 肖泽忠、邹宏：《中国上市公司资本结构的影响因素和股权融资偏好》，载于《经济研究》2008 年第 6 期。

[39] 辛清泉、林斌、王彦超：《政府控制、经理薪酬与资本投资》，载于《经济研究》2007 年第 8 期。

[40] 熊国保、马儒慧：《我国能源上市公司特征因素对资本结构影响研究》，载于《江西社会科学》2017 年第 9 期。

[41] 杨华军、胡奕明：《制度环境与自由现金流的过度投资》，载于《管理世界》2007 年第 9 期。

[42] 余琰、王春飞：《再融资与股利政策挂钩的经济后果和潜在问题》，载于《中国会计评论》2014 年第 1 期。

[43] 俞红海、徐龙炳、陈百助：《终极控股股东控制权与自由现金流过度

投资》，载于《经济研究》2010年第8期。

［44］张继德、王静:《证券投资基金持股与管理者过度投资行为的相关性研究》，载于《上海立信会计学院学报》2012年第3期。

［45］张宗益、郑志丹:《融资约束与代理成本对上市公司非效率投资的影响——基于双边随机边界模型的实证度量》，载于《管理工程学报》2012年第2期。

［46］赵兴楣、王华:《政府控制、制度背景与资本结构动态调整》，载于《会计研究》2011年第3期。

［47］郑江淮、何旭强:《上市公司投资的融资约束:从股权结构角度的实证分析》，载于《金融研究》2001年第11期。

［48］朱德胜:《基于股权结构的公司现金股利政策研究》，中国财政经济出版社2009年版。

［49］朱嫚嫚:《新能源行业的上市公司自由现金流量与过度投资的实证研究》，安徽大学硕士学位论文，2012年。

［50］朱学义、黄元元:《能源行业上市公司财务状况综合评价》，载于《中国能源》2005年第2期。

［51］Aivazian V., Booth L., Cleary S.. Do Emerging Market Firms Follow Different Dividend Policies from U.S. Firms? *Journal of Financial Research*, 2003, 26 (3): 371–387.

［52］Allen F., Bernardo A. E., Welch I.. A Theory of Dividends based on Tax Clienteles. *The Journal of Finance*, 2000, 55 (6): 2499–2536.

［53］Allen F., Michaely R.. Payout Policy//Constantinides G M, Harris M, Stulz R M, editor, *Handbook of the Economics of Finance*: Elsevier, 2003: 337–429.

［54］Alti A.. How Persistent is the Impact of Market Timing on Capital Structure? *The Journal of Finance*, 2006, 61 (4): 1681–1710.

［55］Altınkılıç O., Hansen R. S.. Are There Economies of Scale in Underwriting Fees? Evidence of Rising External Financing Costs. *The Review of Financial Studies*, 2000, 13 (1): 191–218.

［56］Andres C., Doumet M., Fernau E., et al.. The Lintner Model Revisited:

Dividends Versus Total Payouts. *Journal of Banking & Finance*, 2015, 55: 56 – 69.

[57] Arellano M., Bond S.. Some Tests of Specification for Panel Data: Monte Carlo Evidence and an Application to Employment Equations. *The Review of Economic Studies*, 1991, 58 (2): 277 – 297.

[58] Attig N., Cleary S., El Ghoul S., et al.. Institutional Investment Horizon and Investment – Cash Flow Sensitivity. *Journal of Banking & Finance*, 2012, 36 (4): 1164 – 1180.

[59] Baker M., Mendel B., Wurgler J.. Dividends as Reference Points: A Behavioral Signaling Approach. *The Review of Financial Studies*, 2016, 29 (3): 697 – 738.

[60] Baker M., Nagel S., Wurgler J.. The Effect of Dividends on Consumption. *Brookings Papers on Economic Activity*, 2007 (1): 231 – 276.

[61] Baker M., Wurgler J.. Market Timing and Capital Structure. *The Journal of Finance*, 2002, 57 (1): 1 – 32.

[62] Bancel F., Mittoo U. R.. Cross – Country Determinants of Capital Structure Choice: A Survey of European Firms. *Financial Management*, 2004, 33 (4): 103 – 132.

[63] Barro R. J.. The Stock Market and Investment. *The Review of Financial Studies*, 1990, 3 (1): 115 – 131.

[64] Bates T. W.. Asset Sales, Investment Opportunities, and the Use of Proceeds. *The Journal of Finance*, 2005, 60 (1): 105 – 135.

[65] Bebchuk L. A., Stole L. A.. Do Short—Term Objectives Lead to under-or Overinvestment in Long – Term Projects? *The Journal of Finance*, 1993, 48 (2): 719 – 729.

[66] Ben Naceur S., Goaied M., Belanes A.. On the Determinants and Dynamics of Dividend Policy. *International Review of Finance*, 2006, 6 (1 – 2): 1 – 23.

[67] Benartzi S., Michaely R., Thaler R.. Do Changes in Dividends Signal the Future or the Past? *The Journal of Finance*, 1997, 52 (3): 1007 – 1034.

[68] Berger P. G., Ofek E.. Diversification's Effect on Firm Value. *Journal of Financial Economics*, 1995, 37 (1): 39 – 65.

[69] Berger P. G., Ofek E., Yermack D. L.. Managerial Entrenchment and Capital Structure Decisions. *The Journal of Finance*, 1997, 52 (4): 1411 – 1438.

[70] Berkman H., Cole R. A., Fu L. J.. Political Connections and Minority – Shareholder Protection: Evidence from Securities – Market Regulation in China. *Journal of Financial and Quantitative Analysis*, 2010, 45 (6): 1391 – 1417.

[71] Berle A., Means G.. *Private Property and the Modern Corporation*. New York: Mac-millan, 1932.

[72] Bhattacharya S.. Imperfect Information, Dividend Policy, and "the Bird in the Hand" Fallacy. *Bell Journal of Economics*, 1979, 10 (1): 259 – 270.

[73] Blundell R., Bond S.. Initial Conditions and Moment Restrictions in Dynamic Panel Data Models. *Journal of Econometrics*, 1998, 87 (1): 115 – 143.

[74] Booth L., Aivazian V., Demirguc – Kunt A., et al.. Capital Structures in Developing Countries. *The Journal of Finance*, 2001, 56 (1): 87 – 130.

[75] Born J. A., Rimbey J. N.. A Test of the Easterbrook Hypothesis Regarding Dividend Payments and Agency Costs. *Journal of Financial Research*, 1993, 16 (3): 251 – 260.

[76] Brav A., Graham J. R., Harvey C. R., et al.. Payout Policy in the 21st Century. *Journal of Financial Economics*, 2005, 77 (3): 483 – 527.

[77] Brennan M. J., Schwartz E. S.. Optimal Financial Policy and Firm Valuation. *The Journal of Finance*, 1984, 39 (3): 593 – 607.

[78] Brennan M. J., Subrahmanyam A.. Market Microstructure and Asset Pricing: On the Compensation for Illiquidity in Stock Returns. *Journal of Financial Economics*, 1996, 41 (3): 441 – 464.

[79] Brounen D., De Jong A., Koedijk K.. Capital Structure Policies in Europe: Survey Evidence. *Journal of Banking & Finance*, 2006, 30 (5): 1409 – 1442.

[80] Brown P., Beekes W., Verhoeven P.. Corporate Governance, Accounting and Finance: A Review. *Accounting & Finance*, 2011, 51 (1): 96 – 172.

[81] Bruno G. S. F., Approximating the Bias of the Lsdv Estimator for Dynamic Unbalanced Panel Data Models. *Economics Letters*, 2005, 87 (3): 361 – 366.

[82] Byoun S., How and When Do Firms Adjust Their Capital Structures toward Targets? *The Journal of Finance*, 2008, 63 (6): 3069 – 3096.

[83] Chang X. I. N. , Dasgupta S. . Target Behavior and Financing: How Conclusive Is the Evidence? *The Journal of Finance*, 2009, 64 (4): 1767 – 1796.

[84] Chava S. , Purnanandam A. . CEOs Versus CFOs: Incentives and Corporate Policies. *Journal of Financial Economics*, 2010, 97 (2): 263 – 278.

[85] Chen S. , Sun Z. , Tang S. , et al. . Government Intervention and Investment Efficiency: Evidence from China. *Journal of Corporate Finance*, 2011, 17 (2): 259 – 271.

[86] Chen X. , Sun Y. , Xu X. . Free Cash Flow, over – Investment and Corporate Governance in China. *Pacific – Basin Finance Journal*, 2016 (37): 81 – 103.

[87] Cheng S. , Board Size and the Variability of Corporate Performance. *Journal of Financial Economics*, 2008, 87 (1): 157 – 176.

[88] Chirinko R. S. . Business Fixed Investment Spending: Modeling Strategies, Empirical Results, and Policy Implications. *Journal of Economic Literature*, 1993, 31 (4): 1875 – 1911.

[89] Cho M – H. Ownership Structure, Investment, and the Corporate Value: An Empirical Analysis. *Journal of Financial Economics*, 1998, 47 (1): 103 – 121.

[90] Conyon M. J. . Executive Compensation and Board Governance in Us Firms. *The Economic Journal*, 2014, 124 (574).

[91] Cook D. O. , Tang T. . Macroeconomic Conditions and Capital Structure Adjustment Speed. *Journal of Corporate Finance*, 2010, 16 (1): 73 – 87.

[92] Deangelo H. , Deangelo L. . *Capital Structure, Payout Policy, and Financial Flexibility*. University of Southern California Working Paper, 2007.

[93] Demarzo P. , Sannikov Y. . *Learning in Dynamic Incentive Contracts*. Stanford University Working Paper, 2008.

[94] Denis D. J. , Osobov I. . Why Do Firms Pay Dividends? International Evidence on the Determinants of Dividend Policy. *Journal of Financial Economics*, 2008, 89 (1): 62 – 82.

[95] Ding S. , Knight J. , Zhang X. . Does China Overinvest? Evidence from a Panel of Chinese Firms. *The European Journal of Finance*, 2016: 1 – 23.

[96] Donaldson L. , Davis J. H. . Stewardship Theory or Agency Theory: Ceo

Governance and Shareholder Returns. *Australian Journal of Management*, 1991, 16 (1): 49 - 64.

[97] Drobetz W., Schilling D. C., Schröder H.. Heterogeneity in the Speed of Capital Structure Adjustment across Countries and over the Business Cycle. *European Financial Management*, 2015, 21 (5): 936 - 973.

[98] Dube I., Jaiswal N.. Corporate Governance in the Energy Sector. *Jindal Global Law Review*, 2015, 6 (2): 143 - 178.

[99] Easterbrook F. H.. Two Agency - Cost Explanations of Dividends. *The American Economic Review*, 1984, 74 (4): 650 - 659.

[100] Faccio M., Lang L. H. P., Young L.. Dividends and Expropriation. *The American Economic Review*, 2001, 91 (1): 54 - 78.

[101] Fama E. F., Babiak H.. Dividend Policy: An Empirical Analysis. *Journal of the American Statistical Association*, 1968, 63 (324): 1132 - 1161.

[102] Fama E. F., French K. R.. Testing Trade - Off and Pecking Order Predictions About Dividends and Debt. *The Review of Financial Studies*, 2002, 15 (1): 1 - 33.

[103] Faulkender M., Flannery M. J., Hankins K. W., et al.. Cash Flows and Leverage Adjustments. *Journal of Financial Economics*, 2012, 103 (3): 632 - 646.

[104] Fazzari S. M., Hubbard R. G., Petersen B. C., et al.. Financing Constraints and Corporate Investment. *Brookings Papers on Economic Activity*, 1988 (1): 141 - 206.

[105] Fischer E. O., Heinkel R., Zechner J.. Dynamic Capital Structure Choice: Theory and Tests. *The Journal of Finance*, 1989, 44 (1): 19 - 40.

[106] Flannery M. J., Hankins K. W.. Estimating Dynamic Panel Models in Corporate Finance. *Journal of Corporate Finance*, 2013 (19): 1 - 19.

[107] Flannery M. J., Rangan K. P.. Partial Adjustment toward Target Capital Structures. *Journal of Financial Economics*, 2006, 79 (3): 469 - 506.

[108] Frank M. Z., Goyal V. K.. Testing the Pecking Order Theory of Capital Structure. *Journal of Financial Economics*, 2003, 67 (2): 217 - 248.

[109] Frank M. Z., Goyal V. K.. Trade - Off and Pecking Order Theories of Debt. *Handbook of Empirical Corporate Finance*, 2007 (2): 135 - 202.

[110] Frank M. Z., Goyal V. K.. Capital Structure Decisions: Which Factors Are Reliably Important ? *Financial Management*, 2009, 38 (1): 1 –37.

[111] Friend I., Lang L. H. P.. An Empirical Test of the Impact of Managerial Self – Interest on Corporate Capital Structure. *The Journal of Finance*, 1988, 43 (2): 271 –281.

[112] Fudenberg D., Tirole J.. A Theory of Income and Dividend Smoothing Based on Incumbency Rents. *Journal of Political Economy*, 1995, 103 (1): 75 –93.

[113] Gilchrist S., Himmelberg C. P.. Evidence on the Role of Cash Flow for Investment. *Journal of Monetary Economics*, 1995, 36 (3): 541 –572.

[114] Gillan S. L.. Recent Developments in Corporate Governance: An Overview. *Journal of Corporate Finance*, 2006, 12 (3): 381 –402.

[115] Gillan S. L., Starks L. T.. Institutional Investors, Corporate Ownership and Corporate Governance: Global Perspectives// Sun L, editor, *Ownership and Governance of Enterprises*, London: Palgrave Macmillan, 2003: 36 –68.

[116] Glen J. D., Karmokolias Y., Miller R. R., et al.. *Dividend Policy and Behavior in Emerging Markets: To Pay or Not to Pay*. The World Bank, 1995.

[117] Gompers P., Ishii J., Metrick A.. Corporate Governance and Equity Prices. *The Quarterly Journal of Economics*, 2003, 118 (1): 107 –156.

[118] Gordon M. J.. Dividends, Earnings, and Stock Prices. *The Review of Economics and Statistics*, 1959: 99 –105.

[119] Graham J. R., Harvey C. R.. The Theory and Practice of Corporate Finance: Evidence from the Field. *Journal of Financial Economics*, 2001, 60 (2): 187 –243.

[120] Griffin J. M.. A Test of the Free Cash Flow Hypothesis: Results from the Petroleum Industry. *The Review of Economics and Statistics*, 1988, 70 (1): 76 –82.

[121] Grinstein Y., Michaely R.. Institutional Holdings and Payout Policy. *The Journal of Finance*, 2005, 60 (3): 1389 –1426.

[122] Grossman S. J., Hart O. D.. Corporate Financial Structure and Managerial Incentives// Mccall J J, editor, *The Economics of Information and Uncertainty*: University of Chicago Press, 1982: 107 –140.

[123] Grullon G., Michaely R.. Dividends, Share Repurchases, and the Sub-

stitution Hypothesis. *The Journal of Finance*, 2002, 57 (4): 1649 – 1684.

[124] Guercio D. D., Hawkins J.. The Motivation and Impact of Pension Fund Activism. *Journal of Financial Economics*, 1999, 52 (3): 293 – 340.

[125] Guizani M.. The Financial Determinants of Corporate Cash Holdings in an Oil Rich Country: Evidence from Kingdom of Saudi Arabia. *Borsa Istanbul Review*, 2017, 17 (3): 133 – 143.

[126] Hadlock C. J.. Ownership, Liquidity, and Investment. *The RAND Journal of Economics*, 1998, 29 (3): 487 – 508.

[127] Hambrick D. C.. Upper Echelons Theory: An Update. *Academy of Management Review*, 2007, 32 (2): 334 – 343.

[128] Hambrick D. C., Mason P. A.. Upper Echelons: The Organization as a Reflection of Its Top Managers. *Academy of Management Review*, 1984, 9 (2): 193 – 206.

[129] Hansen L. P.. Large Sample Properties of Generalized Method of Moments Estimators. *Econometrica*, 1982, 50 (4): 1029 – 1054.

[130] Harford J.. Corporate Cash Reserves and Acquisitions. *The Journal of Finance*, 1999, 54 (6): 1969 – 1997.

[131] Harris M., Raviv A.. The Theory of Capital Structure. *The Journal of Finance*, 1991, 46 (1): 297 – 355.

[132] He W., Kyaw N. A.. Ownership Structure and Investment Decisions of Chinese Soes. *Research in International Business and Finance*, 2018 (43): 48 – 57.

[133] Higgins R. C.. The Corporate Dividend – Saving Decision. *Journal of Financial and Quantitative Analysis*, 1972, 7 (2): 1527 – 1541.

[134] Hillman A. J., Cannella A. A., Paetzold R. L.. The Resource Dependence Role of Corporate Directors: Strategic Adaptation of Board Composition in Response to Environmental Change. *Journal of Management Studies*, 2000, 37 (2): 235 – 256.

[135] Hillman A. J., Dalziel T.. Boards of Directors and Firm Performance: Integrating Agency and Resource Dependence Perspectives. *Academy of Management Review*, 2003, 28 (3): 383 – 396.

[136] Huang R., Ritter J. R.. Testing Theories of Capital Structure and Estimating the Speed of Adjustment. *Journal of Financial and Quantitative Analysis*, 2009,

44 (2): 237-271.

[137] Huang W., Jiang F., Liu Z., et al.. Agency Cost, Top Executives' Overconfidence, and Investment-Cash Flow Sensitivity-Evidence from Listed Companies in China. *Pacific-Basin Finance Journal*, 2011, 19 (3): 261-277.

[138] Hubbard R. G.. Capital-Market Imperfections and Investment. *Journal of Economic Literature*, 1998, 36 (1): 193-225.

[139] Jensen M. C.. Agency Costs of Free Cash Flow, Corporate Finance, and Takeovers. *The American Economic Review*, 1986, 76 (2): 323-329.

[140] Jensen M. C., Meckling W. H.. Theory of the Firm: Managerial Behavior, Agency Costs and Ownership Structure. *Journal of Financial Economics*, 1976, 3 (4): 305-360.

[141] Kane A., Marcus A. J., Mcdonald R. L.. How Big Is the Tax Advantage to Debt? *The Journal of Finance*, 1984, 39 (3): 841-853.

[142] Khan T.. Company Dividends and Ownership Structure: Evidence from Uk Panel Data. *The Economic Journal*, 2006, 116 (510): C172-C189.

[143] Klock M., Thies C. F.. A Test of Stulz's Overinvestment Hypothesis. *Financial Review*, 2005, 30 (3): 387-398.

[144] Korajczyk R. A., Levy A.. Capital Structure Choice: Macroeconomic Conditions and Financial Constraints. *Journal of Financial Economics*, 2003, 68 (1): 75-109.

[145] Kraus A., Litzenberger R. H.. A State-Preference Model of Optimal Financial Leverage. *The Journal of Finance*, 1973, 28 (4): 911-922.

[146] La Porta R., Lopez-De-Silanes F., Shleifer A., et al.. Investor Protection and Corporate Governance. *Journal of Financial Economics*, 2000, 58 (1): 3-27.

[147] Lambrecht B. M., Myers S. C.. A Lintner Model of Payout and Managerial Rents. *The Journal of Finance*, 2012, 67 (5): 1761-1810.

[148] Lang L. H. P. *Managerial Incentives and Capital Structure: A Geometric Note*. Wharton School Rodney L. White Center for Financial Research, 1987.

[149] Lang L. H. P., Litzenberger R. H.. Dividend Announcements: Cash Flow Signalling Vs. Free Cash Flow Hypothesis? *Journal of Financial Economics*, 1989, 24

(1): 181-191.

[150] Leary M. T., Michaely R.. Determinants of Dividend Smoothing: Empirical Evidence. *The Review of Financial Studies*, 2011, 24 (10): 3197-3249.

[151] Leary M. T., Roberts M. R.. Do Firms Rebalance Their Capital Structures? *The Journal of Finance*, 2005, 60 (6): 2575-2619.

[152] Lee K. W., Lev B., Yeo G. H. H.. Executive Pay Dispersion, Corporate Governance, and Firm Performance. *Review of Quantitative Finance and Accounting*, 2008, 30 (3): 315-338.

[153] Leland H. E.. Agency Costs, Risk Management, and Capital Structure. *The Journal of Finance*, 1998, 53 (4): 1213-1243.

[154] Lemmon M. L., Roberts M. R., Zender J. F.. Back to the Beginning: Persistence and the Cross-Section of Corporate Capital Structure. *The Journal of Finance*, 2008, 63 (4): 1575-1608.

[155] Lemmon M. L., Zender J. F.. Debt Capacity and Tests of Capital Structure Theories. *Journal of Financial and Quantitative Analysis*, 2010, 45 (5): 1161-1187.

[156] Lintner J.. Distribution of Incomes of Corporations among Dividends, Retained Earnings, and Taxes. *The American Economic Review*, 1956, 46 (2): 97-113.

[157] Lipton M., Lorsch J. W.. A Modest Proposal for Improved Corporate Governance. *The Business Lawyer*, 1992: 59-77.

[158] Miller M. H., Modigliani F.. Dividend Policy, Growth, and the Valuation of Shares. *The Journal of Business*, 1961, 34 (4): 411-433.

[159] Miller M. H., Rock K.. Dividend Policy under Asymmetric Information. *The Journal of Finance*, 1985, 40 (4): 1031-1051.

[160] Miller M. H., Scholes M. S.. Dividends and Taxes. *Journal of Financial Economics*, 1978, 6 (4): 333-364.

[161] Modigliani F., Miller M. H.. The Cost of Capital, Corporation Finance and the Theory of Investment. *The American Economic Review*, 1958, 48 (3): 261-297.

[162] Mohn K., Misund B.. *A Tale of Two Stories: Cash Flow and Uncertainty in Oil and Gas Investment*. University of Stavanger Working Paper, 2007.

[163] Morellec E. . Can Managerial Discretion Explain Observed Leverage Ratios? *The Review of Financial Studies*, 2004, 17 (1): 257-294.

[164] Morellec E. , Nikolov B. , Schürhoff N. . Corporate Governance and Capital Structure Dynamics. *The Journal of Finance*, 2012, 67 (3): 803-848.

[165] Morellec E. , Zhdanov A. . Financing and Takeovers. *Journal of Financial Economics*, 2008, 87 (3): 556-581.

[166] Myers S. C. . Determinants of Corporate Borrowing. *Journal of Financial Economics*, 1977, 5 (2): 147-175.

[167] Myers S. C. , Majluf N. S. . Corporate Financing and Investment Decisions When Firms Have Information That Investors Do Not Have. *Journal of Financial Economics*, 1984, 13 (2): 187-221.

[168] Nickell S. . Biases in Dynamic Models with Fixed Effects. *Econometrica*, 1981, 49 (6): 1417-1426.

[169] O'hara M. . Presidential Address: Liquidity and Price Discovery. *The Journal of Finance*, 2003, 58 (4): 1335-1354.

[170] Opler T. , Pinkowitz L. , Stulz R. , et al. . The Determinants and Implications of Corporate Cash Holdings. *Journal of Financial Economics*, 1999, 52 (1): 3-46.

[171] Öztekin. . Capital Structure Decisions around the World: Which Factors Are Reliably Important? *Journal of Financial and Quantitative Analysis*, 2015, 50 (3): 301-323.

[172] Pawlina G. , Renneboog L. . Is Investment-Cash Flow Sensitivity Caused by Agency Costs or Asymmetric Information? Evidence from the UK. *European Financial Management*, 2005, 11 (4): 483-513.

[173] Peng M. W. , Zhang S. , Li X. . Ceo Duality and Firm Performance During China's Institutional Transitions. *Management and Organization Review*, 2007, 3 (2): 205-225.

[174] Pfeffer J. , Salancik G. R. . *The External Control of Organizations: A Resource Dependence Perspective*. Stanford University Press, 2003.

[175] Richardson S. . Over-Investment of Free Cash Flow. *Review of Accounting*

Studies, 2006, 11 (2): 159-189.

[176] Rozeff M. S.. Growth, Beta and Agency Costs as Determinants of Dividend Payout Ratios. *Journal of Financial Research*, 1982, 5 (3): 249-259.

[177] Sarra J., Kung V.. Corporate Governance in the Canadian Resource and Energy Sectors. *Alberta Law Review*, 2005, 43: 905-961.

[178] Sattar A., Leifu G., Ahmad M. I., et al.. *Do Dividend Payout Ratio Drive the Profitability of a Firm: A Case of Energy and Textile Sector of Pakistan?* Advances in Applied Economic Research: Proceedings of the 2016 International Conference on Applied Economics (ICOAE), 2017: 591-597.

[179] Shapiro C., Willing D. R.. *Economic Rationales for the Scope of Privatization*. Princeton, Woodrow Wilson School - Discussion Paper, 1990.

[180] Shen J., Firth M., Poon W. P. H.. Credit Expansion, Corporate Finance and Overinvestment: Recent Evidence from China. *Pacific - Basin Finance Journal*, 2016, 39: 16-27.

[181] Shleifer A., Vishny R. W.. Management Entrenchment: The Case of Manager - Specific Investments. *Journal of Financial Economics*, 1989, 25 (1): 123-139.

[182] Shleifer A., Vishny R. W.. A Survey of Corporate Governance. *The Journal of Finance*, 1997, 52 (2): 737-783.

[183] Siegel J. J.. *The Future for Investors: Why the Tried and the True Triumphs over the Bold and the New*. Crown Business, 2005.

[184] Strebulaev I. A.. Do Tests of Capital Structure Theory Mean What They Say? *The Journal of Finance*, 2007, 62 (4): 1747-1787.

[185] Stulz R.. Managerial Discretion and Optimal Financing Policies. *Journal of Financial Economics*, 1990, 26 (1): 3-27.

[186] Tan X.. China's Overseas Investment in the Energy/Resources Sector: Its Scale, Drivers, Challenges and Implications. *Energy Economics*, 2013, 36: 750-758.

[187] Titman S., Tsyplakov S.. A Dynamic Model of Optimal Capital Structure. *Review of Finance*, 2007, 11 (3): 401-451.

[188] Titman S., Wei K. C. J., Xie F.. Capital Investments and Stock Returns. *Journal of Financial and Quantitative Analysis*, 2004, 39 (4): 677 – 700.

[189] Vogt S. C.. The Cash Flow/Investment Relationship: Evidence from Us Manufacturing Firms. *Financial Management*, 1994: 3 – 20.

[190] Wei J. G., Zhang W., Xiao J. Z.. *Dividend Payment and Ownership Structure in China*// Hirschey M, John K, Makhija A K, editor, Corporate Governance (Advances in Financial Economics, Volume 9): Emerald Group Publishing Limited, 2004: 187 – 219.

[191] Yermack D.. Higher Market Valuation of Companies with a Small Board of Directors. *Journal of Financial Economics*, 1996, 40 (2): 185 – 211.

[192] Zhang D., Cao H., Dickinson D. G., et al.. Free Cash Flows and Overinvestment: Further Evidence from Chinese Energy Firms. *Energy Economics*, 2016a (58): 116 – 124.

[193] Zhang D., Cao H., Zou P.. Exuberance in China's Renewable Energy Investment: Rationality, Capital Structure and Implications with Firm Level Evidence. *Energy Policy*, 2016b (95): 468 – 478.

[194] Zhou N., Shum W. Y., Chan S. N., et al.. Credit Expansion, Free Cash Flow and Enterprise Investment: An Empirical Study Based on Listed Companies in China. *International Journal of Economics and Finance*, 2017, 9 (9): 70.

[195] Zhou Q., Tan K. J. K., Faff R., et al.. Deviation from Target Capital Structure, Cost of Equity and Speed of Adjustment. *Journal of Corporate Finance*, 2016, 39: 99 – 120.

[196] Zwiebel J.. Dynamic Capital Structure under Managerial Entrenchment. *The American Economic Review*, 1996, 86 (5): 1197 – 1215.